民航旅客运输

主编◎刘存绪 唐健禾 辜英智
编著◎王 刚 吴 易

四川大学出版社

项目策划：高庆梅
责任编辑：高庆梅
责任校对：周文臻　张　露
封面设计：墨创文化
责任印制：王　炜

图书在版编目（CIP）数据

民航旅客运输 / 王刚，吴易编著． — 成都：四川大学出版社，2020.9（2023.1重印）
高职院校航空服务类专业规划教材 / 刘存绪，唐健禾，辜英智主编
ISBN 978-7-5690-3412-7

Ⅰ．①民… Ⅱ．①王… ②吴… Ⅲ．①民用航空—旅客运输—高等职业教育—教材 Ⅳ．① F560.83

中国版本图书馆CIP数据核字（2020）第167837号

书　名	民航旅客运输
主　编	刘存绪　唐健禾　辜英智
编　著	王　刚　吴　易
出　版	四川大学出版社
地　址	成都市一环路南一段24号（610065）
发　行	四川大学出版社
书　号	ISBN 978-7-5690-3412-7
印前制作	四川胜翔数码印务设计有限公司
印　刷	四川五洲彩印有限责任公司
成品尺寸	185mm×260mm
印　张	12
字　数	193千字
版　次	2020年9月第1版
印　次	2023年1月第5次印刷
定　价	38.00元

版权所有　侵权必究

◆ 读者邮购本书，请与本社发行科联系。
电话：(028)85408408/(028)85401670/
(028)86408023　邮政编码：610065
◆ 本社图书如有印装质量问题，请寄回出版社调换。
◆ 网址：http://press.scu.edu.cn

四川大学出版社
微信公众号

"高职院校航空服务类专业规划教材"编委会

主　　编：刘存绪　唐健禾　辜英智
编　　委（以姓氏汉语拼音音序排列）：
陈　刚　　陈蕾吉　　陈璇竹　　辜英智　　顾建庄
黄冬英　　黄怡川　　李桂萍　　李雯婧　　刘存绪
刘　华　　刘媛媛　　卢　坤　　全　瑜　　唐健禾
王　刚　　王俊雷　　王志鸿　　王椤兰　　魏　庆
吴　易

前　言

　　为落实《国家中长期教育改革和发展规划纲要（2010—2020年）》《国家职业教育改革实施方案》确定的"立德树人"的根本任务，遵循《中国教育现代化2035》提出的"以德为先""全面发展""面向人人""终身学习""因材施教""知行合一""融合发展""共享共建"的理念，依据教育部《高等职业学校专业教学标准》及相关行业标准，培养具有较高的专业应用水平和良好的综合素质，熟练掌握民航服务基本技能，适应民航业发展需要的复合型、技能型、应用型高级航空服务专业人才，学院组织专家、学者编写了这套适应"十四五"期间教学需求的高职院校航空服务专业规划教材。

　　四川东星航空教育集团自2006年创建以来，始终致力于为中国民航培养高素质的航空服务类专门人才。集团旗下的天府新区航空旅游职业学院汇集了一大批热爱民航教育事业的专、兼职教师，聘请了一大批行业专家担任顾问，指导办学。2017年学院组织编写的"十三五"规划民航特色专业统编教材（共16种）由四川大学出版社出版发行后，受到广大师生和同类院校、行业专家的一致好评。

　　新时期我国民航业的飞速发展，必然会对从业人员提出新的要求。作为培养航空服务专业人才的高等职业院校，我们充分认识到原有的教材体系和内容已经不能满足现实发展的需要。2019年，天府新区航空旅游职业学院成立了"高职院校航空服务类专业规划教材"编委会，启动了对"十三五"规划民航特色专业统编教材的全面修订工作。经过一年多的努力，这套面向"十四五"的高职院校航空服务类专业规划教材即将付梓。

　　本系列教材包括《民航概论》《民用航空法律法规基础》《民航服务心理

学》《民航安全检查》《客舱服务英语》等 15 种。参与编撰的人员有陈刚、陈蕾吉、陈璇竹、辜英智、顾建庄、黄冬英、黄怡川、李桂萍、李雯婧、刘存绪、刘华、刘媛媛、卢坤、全瑜、唐健禾、王刚、王俊雷、王志鸿、王樱兰、魏庆、吴易等。辜英智、刘存绪、唐健禾对全套书进行了审读、统稿并定稿。

在本系列教材的编写过程中,四川大学出版社的编辑提出了许多宝贵的修改意见,民航业界的学者与专家做了权威的指导,相关学者的文章和专著提供了有价值的参考资料和信息,在此一并致以诚挚的谢意。相对于我国高速发展的民航服务业,本系列教材还难以概其全貌,加之编者水平有限,疏漏之处在所难免,恳请读者批评指正。

"高职院校航空服务类专业规划教材"编委会
2020 年 9 月

目 录

模块一　民用航空运输基础……………………………………………（001）
　项目一　民用航空的发展历程………………………………………（001）
　　任务一　世界民用航空发展……………………………………（002）
　　任务二　中国民用航空发展……………………………………（004）
　项目二　运输业的特点和作用………………………………………（009）
　　任务一　运输业的组成和特点…………………………………（009）
　　任务二　航空运输的特点………………………………………（013）
　项目三　民航运输管理机构…………………………………………（016）
　　任务一　航空组织………………………………………………（016）
　　任务二　中国民用航空局………………………………………（018）
　　任务三　航空联盟和国内主要航空公司简介…………………（020）
　项目四　机型介绍……………………………………………………（040）
　　任务　世界主要民用航空器制造企业…………………………（040）
　项目五　航线、航段与航班…………………………………………（047）
　　任务一　航线、航段……………………………………………（047）
　　任务二　航班……………………………………………………（049）
　项目六　机场介绍……………………………………………………（054）
　　任务一　机场的分类……………………………………………（055）
　　任务二　机场的功能区域………………………………………（057）
　　任务三　掌握乘机流程…………………………………………（061）

001

模块二 民航客票销售 (067)

项目一 认识客票 (067)
- 任务一 客票概述 (067)
- 任务二 旅客乘机有效身份证件 (071)

项目二 民航旅客运价 (074)
- 任务一 民航旅客运价的概述 (074)
- 任务二 民航旅客运价的种类和适用范围 (076)

项目三 旅客订座记录的建立 (079)
- 任务一 系统登录 (079)
- 任务二 查询航班信息 (081)
- 任务三 旅客订座记录的建立 (085)

项目四 客票变更、签转与退票 (090)
- 任务一 客票变更 (090)
- 任务二 客票签转 (091)
- 任务三 退票 (092)

模块三 旅客运输服务 (096)

项目一 值机工作 (096)
- 任务一 值机工作概述 (096)
- 任务二 值机相关内容 (100)

项目二 安全检查工作 (106)
- 任务一 安全检查工作的基本程序和原则 (106)
- 任务二 证件检查 (108)
- 任务三 人身检查 (110)
- 任务四 开箱（包）检查 (113)
- 任务五 航空器安全检查 (114)

项目三 导乘、接机与送机服务 (116)
- 任务一 导乘 (117)
- 任务二 接机与送机 (119)

模块四　特殊运输服务 ·· (122)

　项目一　特殊旅客运输服务 ································· (122)

　　任务一　重要旅客运输服务 ································· (123)

　　任务二　老弱旅客运输服务 ································· (125)

　　任务三　病残旅客和其他旅客运输服务 ··············· (128)

　项目二　旅客的不正常运输服务 ····························· (133)

　　任务一　旅客误机、漏乘、错乘情况的处理 ······· (133)

　　任务二　超售情况的处理 ····································· (136)

　项目三　航班的不正常运输服务 ····························· (137)

　　任务一　航班延误的处理 ····································· (137)

　　任务二　航班取消、返航、备降后的安置与服务 ··· (141)

模块五　行李运输 ··· (143)

　项目一　行李运输的一般规定 ································· (143)

　　任务一　行李的定义及分类 ································· (144)

　　任务二　禁止、限制运输的行李 ·························· (145)

　　任务三　托运行李的包装及处理 ·························· (148)

　项目二　国内行李收运 ··· (149)

　项目三　免费行李额与逾重行李 ····························· (151)

　　任务一　国内航线旅客免费行李额 ······················ (151)

　　任务二　轻泡行李运输 ·· (152)

　　任务三　国内逾重行李 ·· (153)

　项目四　行李的声明价值 ······································· (154)

　项目五　行李的赔偿 ·· (156)

　　任务一　行李赔偿责任划分 ································· (157)

　　任务二　办理行李赔偿的程序 ······························ (157)

　　任务三　行李赔偿额的计算方法 ·························· (158)

　项目六　航空保险 ·· (159)

　　任务一　航空保险的概念 ····································· (159)

003

任务二　航空保险的种类……………………………………………（160）
　　任务三　航空保险的理赔……………………………………………（163）
附录一　中国民用航空旅客、行李国内运输规则………………………（164）
附录二　国内主要航空公司二字代码……………………………………（180）
参考文献………………………………………………………………………（181）

模块一　民用航空运输基础

模块导读：

自古以来，人类就怀有翱翔天际的梦想，但在社会生产力低下的年代，这种梦想始终不能实现，人们只能在神话和传说中寄托自己的渴望。随着时代的发展和科技的进步，人类不仅实现了航空的梦想，乘坐飞机旅行也逐渐走入了寻常百姓的生活。

项目一　民用航空的发展历程

学习目标：

1. 了解民用航空的发展历程。
2. 了解中国民航几个发展阶段的特点。
3. 了解"两航"起义的始末。

航空是指人类利用飞行器在地球大气层中进行的飞行（航行）活动，可用来从事飞行活动的飞行器包括气球、飞艇和飞机等。民航即民用航空，是指使用各类航空器从事除了国防、警察、海关等国家航空活动之外的航空活动，包括公共航空运输及通用航空。民用航空的发达程度，是经济社会繁荣程度的重要标志，在一定意义上代表了一个国家的综合实力和

竞争能力。

任务一　世界民用航空发展

1903年，美国人莱特兄弟在北卡罗来纳州的基蒂·霍克，驾驶一架由动力驱动的名为"飞行者"号的飞机（如图1-1），成功地进行了第一次有动力的持续飞行，实现了人类渴望已久的飞行梦想，人类的飞行时代从此拉开了帷幕。

图1-1　第一架"飞行者"飞机

莱特兄弟的第一次试飞是由弟弟奥维尔·莱特驾驶"飞行者"飞机完成的，飞机留在空中的时间为12秒，飞行了约36.6米。在同一天，飞机又进行了3次飞行，其中成绩最好的是哥哥威尔伯·莱特，他驾驶飞机在空中持续飞行了260米。

1904年，莱特兄弟制造了装配有新型发动机的第二架"飞行者"，在代顿附近的霍夫曼草原进行试飞，这架飞机最长的持续飞行时间超过了5分钟，飞行距离达4.4千米；1905年他们又试验了第三架"飞行者"，其由威尔伯驾驶，持续飞行了38分钟，飞行了38.6千米。

莱特兄弟飞行的成功，最初并没有得到美国政府和公众的重视与承认，直到1907年还为人们所怀疑；反而是法国于1908年首先给他们的成就以客观的评价，从此掀起了席卷世界的航空热潮。

在莱特兄弟成功后，航空活动在全世界开展了起来。1909年，法国人路易·布莱里奥花了37分钟的时间飞越英吉利海峡，此次飞行显示了飞机运输的极大潜力，也开始改变人类对于速度和距离的各种观念。

1919年，法国与比利时之间开通了世界上第一条国际民航客运航线，标志着交通运输拥有了划时代的新方式、新体系。20世纪二三十年代，航空业取得了重大发展。1933年，波音公司的一架247型飞机搭载着10名旅客进行了首次试飞，它是第一架真正具有现代意义的客机。而当时最成功的飞机是道格拉斯公司生产的DC-3客机（如图1-2），它的高载客量令航空公司有利可图，为世界航空史写下新的一页。

图1-2 DC-3客机

1939年，第二次世界大战开始。在战争期间，不少城市都兴建了机场。长达6年的战争使航空技术取得了飞跃的发展，大战后期，喷气推进技术的诞生和初步发展，改变了整个航空技术的面貌，并推动了战后民用航空运输的发展。

从1945年第二次世界大战结束到1958年，是民用航空经历大发展的时期。

1944年12月7日，《国际民用航空公约》在美国芝加哥签订，其又被称为《芝加哥公约》。根据《芝加哥公约》的规定，1947年4月，国际民航组织正式成立。

1956年，喷气式民用飞机投入使用，开启了民用航空的一个新篇章。同年，苏联的图-104投入航线。1958年，美国的波音707（如图1-3）和道格拉斯DC-8进入航线，意味着喷气航空时代的开始。其中，波音707的速度可达到每小时900公里~1000公里，航程可达12000公里，可搭载158人。

图1-3 波音707

20世纪70年代后，民用航空继续朝着大型化和高速化的方向发展。1970年，波音747宽体客机投入航线。1978年，美国放松了对航空公司的管制，这对航空运输的发展起到了重要作用。放松管制的趋势扩展到了西欧、日本等地区，民用航空市场迅速全球化。

随着经济全球化的发展，各国航空公司之间的竞争也日益激烈。因此，航空公司联盟成为世界航空运输发展的一种重要形式。1993年，美国西北航空公司与荷兰皇家航空公司结成了世界航空史上首个全球性联盟。1997年，五大航空公司组成了当时世界上最大的航空公司联盟——星空联盟，大规模的跨国联盟成为世界航空业务的新趋势。

任务二 中国民用航空发展

1909年，旅美华侨冯如制造了中国人的第一架飞机并试飞成功（如图1-4）。1916年，毕业于麻省理工学院的王助受聘成为波音公司第一任总工程师，成功设计出双浮筒双翼水上飞机。1918年，北洋政府筹办航空事宜处，掌管全国军民航空事务，其规划了京沪、京粤、京哈、京库和京蜀5条航线，并于1920年开通京沪线北京至天津航段。1928年，国民政府开始筹办民用航空，并开始与外国合资组建航空公司。1930年，中美合作成立中国航空公司。1931年，中德合作成立欧亚航空公司，其后于1943年改组为中央航空公司。

图1-4 中国第一架飞机

抗日战争期间，王助组建的中国航空研究院为中国近代航空工业奠定了基础。中华人民共和国成立前夕，中国航空公司和中央航空公司迁到香港。同年11月9日，在中国共产党的策动下，"两航"员工发动起义，12架飞机回归，两家公司的2000多名员工也陆续投向祖国怀抱。这次起义奠定了新中国民航事业的基础。

1959年，中国民航购买了伊尔-18型飞机（如图1-5），这标志着我国从使用活塞式螺旋桨飞机过渡到使用涡轮螺旋桨飞机。1965年，国内航线增加到46条，国内航线布局的重点也从东南沿海及腹地转向西南和西北等边远地区。1965年末，中国民航拥有各类飞机355架。1971年9月后，在周总理的关怀下，中国民航将工作重点放在开辟远程国际航线上。到1976年底，中国民航的国际航线已发展到8条，通航里程达到41000公里，占通航里程总数的41%。同时，国内航线也增加到123条。

图1-5 伊尔-18型飞机

民航旅客运输

1980年，中国民航购买了波音747宽体客机，标志着中国民航飞机的使用已基本达到了国际先进水平。到1990年末，中国民航已拥有各型飞机421架，其中运输飞机206架，民航航班运营的机场总数达到110个，其中可起降波音747型飞机的机场有7个。到1995年末，中国民航有航班运营的机场139个，其中能起降波音747飞机的有14个，能起降波音737飞机的有81个。

2002年10月11日，中国航空集团公司、中国东方航空集团公司、中国南方航空集团公司、中国民航信息集团公司、中国航空油料集团公司和中国航空器材进出口集团公司宣告成立，航空公司与民航总局的脱钩标志着中国民航体制改革迈出重大一步。

2005年，为鼓励、支持国内投资主体投资民用航空业，促进民用航空业快速健康发展，《国内投资民用航空业规定》正式发布施行。这一年，我国成为仅次于美国的全球第二大航空运输国。

2010年，中国民航局提出建设民航强国的战略构想：到2020年伴随我国全面建成小康社会，初步形成民航强国；到2030年，全面建成安全、高效、优质、绿色的现代化民用航空体系，实现从民航大国到民航强国的历史性转变，成为引导世界民航发展的国家。

知识链接：

"两航"起义

"两航"起义是中国共产党领导的一次成功的爱国主义革命斗争。"两航"系原中国航空股份有限公司（简称"中国航空公司"或"中航"）与中央航空运输股份有限公司（简称"中央航空公司"或"央航"）的简称。

经过抗日战争后期的"驼峰空运"和抗战结束之后的"复员运输"，到1948年，"两航"的运输业务已有很大发展。这一年年底，"两航"共拥有C-46、C-47、DC-3、DC-4和CV-240型飞机近百架，有空地勤人员6780人。飞机成为国民党政权的重要空中交通工具。1949年春天，国共双方的军事政治实力对比发生了实质性变化。三大战役结束，中国共产党七届二中全会后，毛泽东主席、朱德总司令发布《向全国进军的命令》，人民解放军渡过长江，南京、上海解放，中国共产党控制了中国大部分国土。国民党政权退居重庆、成都，蒋介石召集军事会议，集结力量，妄图依托西南，伺机反扑。曾经在国民党军事运输中发挥作用的"两航"也陷入了困境。原以上海为基地的"两航"，于1948年年底起陆续迁离。中航总公司一部分迁往台南，总经理率主要部门机航组等迁到香港。央航总公司迁往广州，发动机检修股迁往香港，1949年8月，总公司又迁到香港。此时，"两航"的航线急剧萎缩，运输业务较1948年下降了60%。

"两航"迁到香港后，同英资航空运输企业之间业务利益的矛盾更加尖锐。1949年6月10日，港英民航处通知中航，须于一个月内将中航飞机大修厂与发动机修理厂迁出启德机场。7月29日和8月11日，港英当局又先后下令征用中航两处厂房，并限于8月15日移交港英当局。此时，"两航"尤其是中航已到了山穷水尽的境地。

1949年11月9日4时半，中航陆维森、华祝和央航楼阅秉、徐文良等到机场担任送飞机的现场指挥，他们妥善地避开局外人，帮助机组和随行人员顺利办完起飞前的各种手续，登上飞机。6时，12架飞机陆续从香港启德机场起飞，其中中国航空公司10架，中央航空公司2架。刘敬宜、陈卓林、吕明、查夷平等人乘央航潘国定驾驶的CV-240型（空中行官）XT-610号飞机，于当日12时15分到达北京。到北京西郊机场欢迎他们的有空军司令刘亚楼、外交部副部长李克农、空军参谋长王秉璋、周总理办公室副主任罗青长以及任泊生等有关人员。其他11架飞机，由陈达礼领队，飞抵天津。同日，香港中国航空公司、中央航空公司2000多名员工通电起义。

11月12日，毛泽东主席电贺刘敬宜、陈卓林和"两航"员工，赞扬他们："毅然脱离国民党反动残余，投入人民祖国怀抱，这是一个有重大意义的爱国举动。"希望他们团结一致，为建设人民航空事业，也为保卫留在香港的祖国财产而奋斗。

"两航"起义是一次爱国行动，毛泽东主席称之为"一个有重大意义的爱国举动"。周恩来总理称它是"具有无限前途的中国人民民航事业的起点"。"两航"起义是中国民航史上的一个转折点，我党领导的"两航"起义这一伟大壮举，是广大"两航"员工在波澜壮阔的革命大潮中，遵循

党所指引的方向，发扬爱国主义精神，投向人民祖国怀抱的正义行动，它将永载中国人民解放事业的史册。

资料出处：引自360百科，链接网址：https://baike.so.com/doc/6681036-6894933.html，收入时内容略有修改。

图1-6 参加"两航"起义的飞机

图1-7 参加"两航"起义的飞行员

思考：

1. 简述我国民用航空的发展历程。
2. 简述"两航"起义的始末。

项目二　运输业的特点和作用

学习目标:

1. 了解运输业的组成。
2. 了解五种运输方式的应用领域。
3. 熟知航空运输的主要特点。

任务一　运输业的组成和特点

运输是指利用交通工具完成人员或货物空间位置移动的生产经营活动过程。根据运输对象的不同,运输系统可以分为两个子系统:客运系统和货运系统(图1-8为民航客运系统和货运系统)。

图1-8　民航客运系统和货运系统

根据交通工具的不同，现代运输业分为铁路运输、公路运输、航空运输、水路运输和管道运输五种运输方式。它们与其他的社会生产行业相互依赖、相互制约和相互促进，形成一个紧密联系的社会经济有机体。尽管每一种运输方式都有自己的适用范围，在各自的范围里有自己的优势，但各种运输方式的共同点也是显而易见的：

（1）运输业不产生新的实物形态产品。运输业属于服务行业，是连接不同生产、生活活动的一个特殊生产部门，它的生产过程并不改变运输对象的性质或形态，仅仅是改变其空间位置，不形成产品的实体。

（2）运输产品具有非储存性。在运输产品的生产过程中，运输对象的性质、数量和形态并未发生改变，并且运输产品的生产和消耗始终存在于同一生产过程中，在空间和时间上是结合在一起的，所以运输产品不能储存，也不会积压。

（3）运输产品具有可替代性（也称同一性）。各种运输方式其本质都是运输对象在空间上的位移，单位为人/公里或吨/公里。这一特点决定了在一定条件下各种运输方式具有可替代性，从而使综合利用各种运输方式、建立统一的运输网成为可能。

（4）运输生产表现为生产过程在流通领域内的延续。物质生产必须以消费为终结，物质生产的产品必须借助运输生产来实现从生产过程向消费过程的转移。

各种运输方式除了具有运输业的共性特征，也有其自身特点，以下我们详细分析除航空运输外，其他四种运输方式的特点。

一、铁路运输

铁路运输是以蒸汽、内燃机和电力为牵引，客车和货车为运载工具，沿陆地上固定轨道行驶的一种运输方式。铁路运输有运行速度较快、运输能力大、受气候和自然条件限制较小、连续性强、成本较低和能耗较低等特点。因此，综合考虑，铁路运输适用于在内陆地区中长距离、大运量地运送时间性强、可靠性要求高的一般货物和特种货物；从投资效果看，在运输量比较大的地区之间建设铁路比较合理。目前我国的铁路运输的主力正逐步向高速铁路过渡（如图1—9）。

图1-9 高速铁路

二、公路运输

公路运输是以汽车为主要运输工具的在公路上运送旅客和货物的一种运输方式。它具有投资少、机动灵活、货物损耗少、运送速度快、覆盖面广、通达度深等特点。但由于其运输能力小、能耗高、成本高、生产率低、无法运送大件物资等，公路运输不适宜运输大宗和长距离货物。因此，公路运输比较适宜在内陆地区运输短途旅客、货物，可以与铁路、水路联运，为火车站、港口运送旅客和物资，也可以深入山区及偏僻的农村进行旅客和货物运输，还能在远离铁路的区域从事干线运输。

我国公路运输的现状是我国已建立起较密集的高速公路网，省会城市与其他地级市间多有高速公路相连，各地级市可通过省会城市融入全国的高速公路网。各地公路运输的能力和速度都有了大幅度的提高，几乎所有大型民用机场和其依托的城市之间都有机场高速公路相连（如图1-10）。

图1-10 机场高速公路

三、水路运输

水路运输包括内河运输、沿海运输和远洋运输。水路运输运量大、投资少、成本低、平均运距长，但水路运输受自然条件影响较大、运送速度慢。水路运输综合优势较为突出，适宜于运距长、运量大、时间性不太强的各种大宗物资的运输。目前，世界上最大的邮船吨位已超过 50 万吨。水路运输中的远洋运输在对外经济贸易方面占据着独特的重要地位，是发展国际贸易的强大支柱（如图 1-11）。其在战时还可以增强国防能力，这是其他任何运输方式都无法替代的。

图 1-11 远洋运输

四、管道运输

管道运输是随着石油和天然气产量的增长而发展起来的，主要用于运送液体或气体，也有部分管道可以用来运送固体物资（如图 1-12）。目前管道运输已成为陆上油、气运输的主要运输方式，城市供水、供气和供暖也多采用管道运输。近年来输送固体料浆的管道（如输煤、输精矿管道）也有很大发展。管道运输具有运输量大（一般一条直径 720 毫米的输煤管道一年即可输送煤炭 2000 万吨）、建设周期短、占地少、能耗小、安全可靠、无污染、成本低、不受气候影响、可以实现封闭运输等优点，但这种运输专用性强，只能运输石油、天然气及固体料浆，管道初始运输量与最高运输量间的变化幅度小。

图1-12 管道运输

任务二 航空运输的特点

作为现代五种运输方式之一的航空运输，与其他四种运输方式相比，起步较晚，但发展很快。航空运输除具有运输业的共同特点之外，还有其自身的特点。

一、快速性

速度快是航空运输的最大优势和主要特点。与其他几种运输方式相比，航空运输的运输距离越长，所能节约的时间就越多，其快速性也就体现得越明显。目前的航线飞机设计速度大多在800公里/小时～1000公里/小时，航线上一般飞行900公里/小时，已经退役的"协和"超音速客机的巡航速度更是高达两千多公里/小时，故航空运输在速度方面有其他运输方式不可比拟的优势。加上飞机通常在两地之间直飞，无需绕行，这一优势在地面迂回曲折的地区体现得更加明显。这一特点使航空运输具有高时效性。

航空运输速度快，但也受到地面作业速度的影响。地面作业速度是指在始发站、中转站、目的站所进行的关于出发、中转和到达作业的速度，如为旅客办理乘机手续的速度，行李和货邮的装卸、处理速度等。在中短程运输中，航空运输的地面作业时间往往长于空中的飞行时间，使其在迅速发展的铁路、公路运输面前失去优势，某些时候甚至影响到了自身的竞争力。航空运输的快速性一般要在运输距离达500公里以上时才能体现出来，随着近年来地面运输速度的提高，500公里这一标准还将进一步提

高。但在国际旅客运输方面，航空运输会一直保持它的速度优势，会是旅客国际旅行的首选交通方式。

另外，航空运输的快速性为其带来了突出的时效性，使这种运输方式更加适于鲜活易腐或价值高、时效性强的货物的运输。

二、机动性

航空运输是由飞机在空中完成的运输服务，在两地之间只要有机场和必备的通信导航设施就可开辟航线，不需要在线路建设上花费大量资金，而且筹备通航所需的时间也较短，与其他运输方式相比较，受沿途地面条件限制小。飞机在固定或非固定航线上定期或不定期飞行，也可以根据客货运量的大小和流量调整航线和机型。

从经济效益上看，航空运输比铁路、公路运输的建设周期短、投资少、收效快。据计算，在两个相距1000公里的城市之间建一条交通线，在载客能力相同的条件下，修建铁路的投资是开辟航线的1.6倍；铁路的建设周期为5~7年，开辟航线只需2年；回收铁路投资需要33年，回收航空投资只需4年。

航空运输的机动性使它可以在短时间内完成政治、军事、经济上的紧急运输任务，例如灾区的物资供应、偏远地区的医药急救、近海油田的后勤支援等，还可以在现有机场的基础上，按照不同的联结方法，根据需要组成若干条航线，能够根据临时需要很方便地调动运力。

三、安全舒适性

现代飞机飞行平稳、噪声小、客舱宽敞、机上多设有餐饮娱乐设备，舒适程度高于其他运输工具。同时，由于各航空公司将保障飞行安全作为经营的首要条件，航空运输的安全性还在随着航空技术、维护技术的发展和空中交通管理设施的改进不断提高。另外，国际上对航空器的适航性要求非常严格，对不符合适航性要求的航空器不颁发适航认证，没有适航认证的航空器都不能飞行。这些措施保证了航空器的安全性远远高于其他地面运输工具，使航空运输成为越来越多旅客的选择。

在安全性方面，很多人认为航空旅行不如地面旅行安全，但从统计数据来看，航空运输是安全性最高的运输方式。衡量安全的指标有按时间衡量的"万时率"和按运输里程衡量的"亿公里死亡人数"。就拿亿公里死亡人数来说，国际民航组织的统计数据显示，1950年航空运输亿公里死亡人数为1.97人，1966年为0.44人，1983年为0.08人，目前为0.04人左右，这远远低于其他地面运输方式。并且，航空旅行的安全性还在逐年提高。目前国内每天的道路交通事故死亡人数，相当于每天有一架中型客机发生空难，这从侧面反映出飞机的安全性远远优于其他交通工具。但人们对航空运输了解不够、加上飞行事故一般都会造成严重后果，媒体的关注程度较高，造成了人们对航空运输安全性的误解。

四、国际性

航空运输从一开始就具有国际性的特点，随着世界航空运输相互依赖的加深和合作关系的发展，以及国际航空公司的建立，航空运输的国际化特点更加明显。在全球经济一体化的今天，国家之间、地区之间的商品和服务贸易日益频繁，特别是劳动力在国际的流动、国际旅游业的蓬勃发展，已使航空运输成为人们跨国出行的首选。国际化的目的是要使任何一位旅客、一吨货物或一封邮件能够随时从世界任何地方，方便、安全、迅速、经济、可靠地被运送到另外一个地方，这也是航空运输对国际交往和人类文明的一项重大贡献。

五、成本高、运价高

高成本、高运价和微利润是航空运输的基本经济特点。飞机的机舱容积、载重量有限，再加上购机费用、燃油费用高昂等，导致航空运输的成本偏高，其直接表现在旅客运价、货邮运价均高于其他几种运输方式。虽然随着宽体飞机的出现和涡轮风扇式发动机的不断改进，空运企业的直接运营成本有了较大地降低，但仍然高于其他运输方式。

运价高决定了航空运输只适用于人员往来、急需运送的物资和时间性强的邮件、包裹等。尽管从经济上看，航空运输的成本高于其他运输方式的成本，但总体地看，航空运输加快了资金周转。在社会生活中，总有一些身份重要、任务急迫的旅客，也经常有一些紧急的物件需要迅速地到达目的地，在这种情况下，减少运输时间具有重大的意义或经济价值，运价高低也不再是首要考虑的因素了。

六、准军事性

由于航空运输的快速性和机动性,以及民航所拥有的机场、空地勤人员对军事交通运输的潜在作用,各国政府都非常重视民航部门,并视其为准军事部门。很多国家在法律中规定,航空运输企业所拥有的机群和相关人员是平时服务于国民经济建设的军事后备力量,在战时或紧急状态下,民用航空可依照法定程序被国家征用,服务于军事上的需求。

思考:

1. 运输业的共同特点有哪些?
2. 航空运输的主要特点是什么?

项目三 民航运输管理机构

学习目标:

1. 熟悉航空组织和航空联盟的相关知识。
2. 了解中国民航局的主要职责。
3. 熟悉国内主要航空公司。

任务一 航空组织

一、国际民航组织

国际民航组织(ICAO,International Civil Aviation Organization)是协调各国有关民航经济和法律义务,并制定各种民航技术标准和航行规则的国际组织。其前身为根据1919年《巴黎公约》成立的空中航行国际委员会。图1-13为国际民航组织标志。

图 1-13　国际民航组织标志

第二次世界大战对航空器技术的发展起到了巨大的推动作用，使得全球形成了一个包括客货运输在内的航线网络，但也随之引起了一系列急需国际社会协商解决的政治上和技术上的问题。因此，在美国政府的邀请下，52个国家于1944年11月1日至12月7日参加了在芝加哥召开的国际会议，签订了《国际民用航空公约》（即《芝加哥公约》），并按照公约规定成立了临时国际民航组织（PICAO）。

根据《芝加哥公约》的规定，1947年4月，国际民航组织正式成立，并于5月6日召开了第一次大会。同年5月13日，国际民航组织正式成为联合国的一个专门机构。

中国是国际民航组织的创始国之一，于1944年签署了《芝加哥公约》，并于1946年正式成为临时国际民航组织的会员国。1971年11月19日，国际民航组织第74届理事会第16次会议通过决议，承认中华人民共和国为中国在国际民航组织的唯一合法代表。

二、国际航空运输协会

国际航空运输协会（IATA，International Air Transport Association）简称国际航协，是一个由世界各国航空公司所组成的大型国际组织，其前身是1919年在海牙成立并在第二次世界大战时解体的国际航空业务协会。其总部设在加拿大的蒙特利尔，执行机构设在日内瓦，协会的宗旨是为了世界人民的利益，促进安全、正常和经济的航空运输，扶植航空交通，并研究与此有关的问题；对于直接或间接从事国际航空运输工作的各空运企

业提供合作的途径；与国际民航组织及其他国际组织协力合作。图1-14为国际航空运输协会标志。

图1-14　国际航空运输协会标志

国际航空运输协会在组织形式上是航空企业的行业联盟，属非官方性质组织，但由于世界上大多数国家的航空企业为国有企业，因此，国际航协实际上是一个半官方组织。

任务二　中国民用航空局

中国民用航空局（CAAC，Civil Aviation Administration of China）于1949年11月2日成立，1958年2月划归交通部，1960年11月更名为"交通部民用航空总局"，1962年4月更名为"中国民用航空总局"，2008年3月改称"中国民用航空局"，并沿用至今。图1-15为中国民用航空局标志。

图1-15　中国民用航空局标志

中国民用航空局下设 7 个地区管理局（华北地区管理局、东北地区管理局、华东地区管理局、中南地区管理局、西南地区管理局、西北地区管理局、新疆管理局）和 26 个省级安全监督管理办公室，对中国民航事务实施监管。中国民用航空局的监管职责如下：

（1）研究并提出民航事业发展的方针、政策和战略；拟定民航法律、法规草案，经批准后监督执行；推进和指导民航行业体制改革和企业改革工作。

（2）编制民航行业中长期发展规划；对行业实施宏观管理；负责全行业综合统计和信息化工作。

（3）制定保障民用航空安全的方针政策和规章制度，监督管理民航行业的飞行安全和地面安全；制定航空器飞行事故和事故征候标准，按规定调查处理航空器飞行事故。

（4）制定民用航空飞行标准及管理规章制度，对民用航空器运营人实施运行合格审定和持续监督检查，负责民用航空飞行人员、飞行签派人员的资格管理；审批机场飞行程序和运行最低标准；管理民用航空卫生工作。

（5）制定民用航空器适航管理标准和规章制度，负责民用航空器型号合格审定、生产许可审定、适航审查、国籍登记、维修许可审定和维修人员资格管理并持续监督检查。

（6）制定民用航空空中交通管理标准和规章制度，编制民用航空空域规划，负责民航航路的建设和管理，对民用航空器实施空中交通管理，负责空中交通管制人员的资格管理；管理民航导航通信、航行情报和航空气象工作。

（7）制定民用机场建设和安全运行标准及规章制度，监督管理机场建设和安全运行；审批机场总体规划，对民用机场实行使用许可管理；实施对民用机场飞行区适用性、环境保护和土地使用的行业管理。

（8）制定民航安全保卫管理标准和规章，管理民航空防安全；监督检查防范和处置劫机、炸机预案，指导和处理非法干扰民航安全的重大事件；管理和指导机场安检、治安及消防救援工作。

（9）制定航空运输、通用航空政策和规章制度，管理航空运输和通用

航空市场；对民航企业实行经营许可管理；组织协调重要运输任务。

（10）研究并提出民航行业价格政策及经济调节办法，监测民航行业经济效益，管理有关预算资金；审核、报批企业购买和租赁民用飞机的申请；研究并提出民航行业劳动工资政策，管理和指导直属单位劳动工资工作。

（11）领导民航地区、自治区、直辖市管理局和管理民航直属院校等事业单位；按规定范围管理干部；组织和指导培训教育工作。

（12）代表国家处理涉外民航事务，负责对外航空谈判、签约并监督实施，维护国家航空权益；参加国际民航组织活动及涉民航事务的政府间国际组织和多边活动；处理涉香港、澳门和台湾地区的民航事务。

（13）负责民航党群工作和思想政治工作。

（14）承办国务院交办的其他事项。

任务三　航空联盟和国内主要航空公司简介

一、航空联盟

近些年，由于全球经济形势跌宕起伏，航空公司为了获取更高的利润和赢得更广阔的发展空间，在经营管理上采取了很多新办法。其中，自1997年开始兴起的航空联盟取得了飞速发展。截至2015年6月，星空联盟、天合联盟和寰宇一家共囊括了36家航空公司，它们的业务量和市场份额已经占据了全球航空业的一半以上。

航空联盟是两家或两家以上的航空公司之间达成的合作协议。全球三大航空联盟是星空联盟、天合联盟及寰宇一家。航空联盟发展了全球的航空网络，加强了国际联系，并使跨国旅客在转机时更方便。

航空联盟的优势如下：

（1）在代码共享的基础上，航空联盟可提供更大的航空网络。很多航空联盟都是由几个航空公司之间共享代码发展而成。

（2）共用维修设施、运作设备和职员，相互支援地勤与配合作业以降低成本。

（3）由于成本减少，运价降低空间加大，旅客可以用更低的价钱购买机票。

（4）航班时刻更灵活，更有弹性。

(5) 转机便捷，旅客可更便捷地抵达目的地。

(6) 在旅游奖励计划方面，使用同一旅客账户搭乘航空联盟旗下不同航空公司均可积累飞行里程数。

(一) 星空联盟

星空联盟（Star Alliance）的概念源自更早以前就存在于民用航空业界的代码共享。在星空联盟正式成立之前，其最早期的几个成员（包括一些非创始会员，但后来加入的航空公司）就已互有代码共享制度，甚至共同执行行销活动，但合作方式较分散杂乱。1997年，以美国联合航空与汉莎航空这两家分别来自美洲与欧洲的民航巨擘为主干，再加上加拿大航空、北欧航空与泰国国际航空，星空联盟正式成立。这也掀起了国际民航业的合纵热潮。

航空联盟成立的主要宗旨是借由各成员所串联而成的环球航空网络，为旅客提供一致的高品质服务，并加强每个联盟成员在本地及全球所提供的服务及发展统一的产品服务。

星空联盟的企业标志是一个由五个三角形图样组合而成的五角星，象征创立联盟的五个初始会员，如图1—16所示。

截至2015年6月，星空联盟共有27名正式成员。中国国际航空公司于2007年加入星空联盟；2012年11月29日，深圳航空加入星空联盟。

图1—16 星空联盟标志

(二) 天合联盟

随着天空的开放，组成全球性的航空公司战略联盟在国际民用航空界渐成趋势。1997年，首个国际性航空公司联盟——星空联盟正式成立。其他大型航空公司竞相成立联盟团队来与星空联盟抗衡。

2000年6月22日，美国达美航空公司、法国航空公司及大韩航空公司、墨西哥国际航空公司宣布共同组建"天合联盟"（Skyteam Alliance），其标志如图1-17所示。

2001年，意大利航空公司和捷克航空公司加入天合联盟。随着美国大陆航空公司、美国西北航空公司、荷兰皇家航空公司及俄罗斯航空公司的加入，天合联盟成为全球民航业第二大航空公司联盟。中国南方航空公司于2007年11月15日加入了天合联盟，成为首家加入国际航空联盟的中国内地航空公司。2011年6月21日，中国东方航空公司正式加入天合联盟，进一步为国内外旅客提供更优质的服务和更多的旅行线路选择。2011年9月28日，中国台湾地区中华航空公司加入天合联盟，成为第15位联盟成员。2012年11月21日，天合联盟迎来第19位成员厦门航空公司，截至2015年6月，天合联盟共有20名成员。

图1-17 天合联盟标志

(三) 寰宇一家

1998年9月，美国航空公司、英国航空公司、原加拿大航空公司（现已被Air Canada收购）、国泰航空公司及澳洲航空公司宣布有意向合组航空联盟。

寰宇一家（One World）于1999年2月1日正式成立（其标志如图1-18所示），各成员间开始相互提供一系列的优惠措施。联盟使五家航空公司获益明显，尤其是中国香港地区国泰航空公司的加入，在很大程度上弥补了其他盟友在亚洲市场份额不足的缺陷。截至 2015 年 6 月，寰宇一家共有 16 名成员。

图 1-18　寰宇一家标志

二、国内主要航空公司介绍

根据资产主体性质的不同，国内主要航空公司可分为如下两种：

第一种是国有资产占主体的航空公司，如国资委下属的航空公司，例如国航、东航、南航等；地方政府资产占主体的航空公司，如山航、川航、厦航、西藏航空等。

第二种是以民营资本为主的航空公司，如春秋航空、吉祥航空、奥凯航空等。

（一）中国国际航空股份有限公司

1. 公司简介

中国国际航空股份有限公司（Air China），其前身是成立于 1988 年的中国国际航空公司。根据国务院批准通过的《民航体制改革方案》，2002 年 10 月，中国国际航空公司联合中国航空总公司和中国西南航空公司，成立了中国航空集团公司，并以三方的航空运输资源为基础，组建新的中国国际航空公司。2004 年 9 月 30 日，经国务院国有资产监督管理委员会批准，作为中国航空集团控股的航空运输主业公司，中国国际航空股份有限公司（以下简称国航）在北京正式成立，员工 23000 人，注册资本 65 亿元，实收资本 94.33 亿元。2004 年 12 月 15 日，国航在香港和伦敦成功上市。

国航是中国唯一的飞机上载国旗飞行的航空公司,国航承担着中国国家领导人出国访问的专机任务,也承担着许多外国元首和政府首脑在国内的专包机任务。国航总部设在北京,主要运营基地在北京首都国际机场和成都双流国际机场,辖有西南、浙江、重庆、内蒙古、天津、贵州、西藏分公司和上海基地、华南基地,以及工程技术分公司、公务机分公司,控股北京飞机维修工程有限公司、中国国际货运航空有限公司、北京航空食品公司、澳门航空有限公司。国航还参股深圳航空、国泰航空等企业,是山东航空集团有限公司的最大股东。

2007年12月12日,国航加入星空联盟。

2. 企业标志诠释

国航的企业标志由一只艺术化的凤凰和邓小平同志书写的"中国国际航空公司"以及英文"AIR CHINA"构成,如图1-19所示。凤凰是中华民族古代传说中的神鸟,也是中华民族自古以来崇拜的吉祥鸟。据《山海经》中记述,凤凰出于东方君子国,飞越巍峨的昆仑山,翱翔于四海之内,所到之处给那时的人民带来吉祥和安宁。国航的标志是凤凰,同时又是英文"VIP"(尊贵客人)的艺术变形,其颜色为中国传统的大红,具有吉祥、圆满、祥和、幸福的寓意,寄寓着国航人服务社会的真挚情怀和对安全事业的永恒追求。

图1-19 国航标志

图 1-20 国航飞机

3. 企业代码

航空公司二字代码：CA。

航空公司三字代码：CCA。

(二) 中国南方航空股份有限公司

1. 公司简介

中国南方航空股份有限公司（China Southern Airlines）（以下简称南航），总部设在广州，是中国运输飞机最多、航线网络最发达、年客运量最大的航空公司，拥有新疆、北方等18家分公司，在杭州、青岛等地设有23个国内营业部，在新加坡、纽约等地设有69个国外营业部。此外，南航股份还投资了雄安航空、厦门航空等21家全资、控股子公司，14家联营参股公司，3家合营公司。2018年，南航旅客运输量达1.4亿人次，连续40年居中国各航空公司之首。截至2019年10月，南航运营包括波音787、777、737系列，空客A380、A330、A320系列等型号客货运输飞机超过850架，是全球首批运营空客A380的航空公司。机队规模居亚洲第一、世界第三（数据来源：国际航协）。

南航安全飞行纪录卓越，保持着中国航空公司最好的安全纪录，安全纪录和安全管理水平处于国际领先地位。2018年6月，南航荣获中国民航飞行安全最高奖"飞行安全钻石二星奖"，是中国国内安全星级最高的航空公司。

目前，南航每天有3000多个航班飞至全球40多个国家和地区、224个目的地，航线网络1000多条，提供座位数超过50万个。通过与合作伙

伴密切合作，航线网络延伸到全球更多目的地。近年来，南航持续新开和加密航班网络，强化中转功能，利用第六航权，全力打造"广州之路"（Canton Route）国际航空枢纽，形成了以欧洲、大洋洲两个扇形为核心，以东南亚、南亚、东亚为腹地，全面辐射北美、中东、非洲的航线网络布局，已成为中国大陆至大洋洲、东南亚的第一门户枢纽。2018年，南航在广州枢纽通航点达到145个，其中国际和地区通航点51个，广州枢纽全年共保障中转旅客442万余人次。

南航拥有独立培养飞行员能力，在珠海拥有亚洲最大的飞行训练基地；与德国MTU公司合建有国内最大、维修等级最高的航空发动机维修基地；自主研发的飞行运行控制系统和发动机性能监控系统双双获得国家科技进步二等奖，是国内航空业最先进的IT系统；建有年货邮吞吐量80万吨的超级货站，以及年配餐能力超过3000万份的专业航空配餐中心。

2011年，南航被国际航空服务认证权威机构SKYTRAX授予"四星级航空公司"称号；2016年获评SKYTRAX"全球最受喜爱航空公司"第13名，居中国内地航空公司之首。2017年南航被评为中国质量协会全国"用户满意标杆"企业，并获得中国国家顾客推荐指数航空服务第一名。2018年南航获评SKYTRAX"全球最杰出进步航空公司奖"。

2. 企业标志诠释

南航的企业标志由一朵抽象化的大红色木棉花和衬托于其下的宝蓝色的飞机垂直尾翼图案组成，航徽色彩鲜艳，丰满大方，如图1-21所示。

图1-21 南航标志

图1-22 南航飞机

3. 企业代码

航空公司二字代码：CZ。

航空公司三字代码：CSN。

（三）中国东方航空股份有限公司

1. 公司简介

中国东方航空股份有限公司（China Eastern Airlines）（以下简称东航），是中国东方航空集团有限公司下属航空运输主业公司，是由原东航兼并中国西北航空公司，联合中国云南航空公司重组而成。

东航集团总部位于上海，拥有贯通中国东西部，连接亚洲、欧洲、澳洲和美洲的庞大航线网络。

东航是东航集团的核心企业，成立于1988年6月，是中国第一家在香港、纽约和上海上市的航空公司。东航自成立以来在业界获得过许多荣誉，其品牌在海内外享有广泛声誉，创造过全国民航服务质量评比唯一"五连冠"纪录，还荣获过美国优质服务协会颁发的"五星钻石奖"。

东航建设以上海为轴心的中枢网络运营模式，积极构建航班波，完善航线网络结构，形成以上海为客运、货运枢纽，昆明、西安、武汉为区域枢纽，立足国内、辐射国际的航线网络布局，其航线覆盖北美、南美、欧洲、中亚、南亚、东南亚、北非、南非及澳洲等地区。

1997年2月4日、2月5日及11月5日，东航分别在纽约证券交易所、香港联交所和上海证券交易所成功挂牌上市，被传媒誉为"中国航空

概念股",东航的上市为中国民航发展史揭开了崭新的一页。1997年,东航还依法对原中国通用航空公司实施了兼并。

1998年8月,东航与中国远洋运输(集团)总公司联合组建中国货运航空有限公司。2009年7月13日,东航全面收购上海航空,并重新发行新股。同日,东航在香港联交所重新挂牌。

2011年6月21日,东航正式加入天合联盟。

2. 企业标志诠释

东航的企业旧标志基本构图为圆形,取红、蓝、白三色,寓意太阳、大海的上下半圆与燕子组合。红色半圆,象征喷薄而出的朝阳,代表了热情、活力,且日出东方,与东航名称吻合;蓝色半圆,象征宽广浩瀚的大海,寓意东航航线遍及五湖四海;轻盈灵动的银燕,象征翱翔天际的飞机,燕子也被视为东方文化的载体,燕子的线条勾勒出东航英文名字"CHINA EASTERN"的首字母"C""E",如图1-23所示。

图1-23 东航旧标志

东航的企业新标志于2014年9月9日正式对外发布,如图1-24所示。东航此次对标志进行优化升级是基于企业新的战略规划以及更加国际化的需要。企业新标志最大限度保留了原有的识别符号——飞翔的燕子、红蓝色搭配以及字体组合方式。燕首及双翅辉映朝霞的赤红——"日出东方",形如大桥飞架的翅膀寓意东航振臂架设世界各地往来交流的桥梁,升腾着希望、卓越和激情;弧形的尾翼折射大海的邃蓝——

"海纳百川"，似连接天际的彩虹和闻名世界的黄浦江湾，寓意着广博、包容和理性。整个标志，巧妙地呼应东航"激情超越、严谨高效"的企业精神。

图 1-24　东航新标志

东航新标志最大的改动发生在燕子图形上，新的设计将它彻底从圆形的"笼子"中解放了出来。原来的燕子造型中有不少直线，新设计则大部分改为弧线，整体流线型的处理使它看上去更加舒展，仿佛让人看到一只挣脱束缚后奔向自由、奔向蓝天的燕子，彰显出东航人开拓创新、奋发有为的进取精神。

3. 企业代码

航空公司二字代码：MU。

航空公司三字代码：CES。

（四）海南航空控股股份有限公司

1. 公司简介

海南航空控股股份有限公司（Hainan Airlines）（以下简称海航）于1993年1月成立，起步于中国最大的经济特区海南省，是中国发展最快和最有活力的航空公司之一，致力于为旅客提供全方位、无缝隙的航空服务。

海航是中国第一家同时发行人民币普通股票和人民币特种股票的航空公司，是继国航、东航及南航之后中国第四大航空公司。

海航是海航集团旗下一员。从1993年至今，海航在以海口为主基地的基础上，先后建立了海口、北京、西安、太原、乌鲁木齐、广州、兰州、大连、深圳等9个航空营运基地，其航线遍布中国，覆盖亚洲，辐射欧洲、美洲、非洲，开通了国内外航线近500条。

2011年1月10日，SKYTRAX主席向海航颁发了"SKYTRAX五星航空公司"证书，标志着海航正式跻身全球七家五星航空公司之列。

2. 企业标志诠释

海航的企业标志图形中，其顶端是日月宝珠，环形构图脱胎于东方传说中的大鹏金翅鸟，寓意着海航将为中华民族而振翅高飞，其势将无穷且无限。图形底部是浪花的写意表达，在东方的传说中，水浪纹又是云纹，云蒸霞蔚，水浪花凝成两朵如意，宣示海航愿天下人亲如一家的情怀，如图1-25所示。

图1-25 海航标志

3. 企业代码

航空公司二字代码：HU。

航空公司三字代码：CHH。

（五）深圳航空有限责任公司

英文名称：Shenzhen Airlines。

航空公司二字代码：ZH。

航空公司三字代码：CSZ。

总部：深圳。

主运营基地：深圳宝安国际机场。

图1-26　深航飞机

(六)上海航空股份有限公司

英文名称：Shanghai Airlines。

航空公司二字代码：FM。

航空公司三字代码：CSH。

总部：上海。

主运营基地：上海浦东国际机场、上海虹桥国际机场。

图1-27　上海航空飞机

（七）厦门航空有限公司

英文名称：Xiamen Airlines。

航空公司二字代码：MF。

航空公司三字代码：CXA。

总部：厦门。

主运营基地：厦门高崎国际机场、福州长乐国际机场。

图1-28　厦门航空飞机

（八）四川航空股份有限公司

英文名称：Sichuan Airlines。

航空公司二字代码：3U。

航空公司三字代码：CSC。

总部：成都。

主运营基地：成都双流国际机场。

图1-29　四川航空飞机

（九）山东航空股份有限公司

英文名称：Shandong Airlines。

航空公司二字代码：SC。

航空公司三字代码：CDG。

总部：济南。

主运营基地：济南遥墙国际机场。

图 1-30　山东航空飞机

（十）奥凯航空有限公司

英文名称：Okay Airways。

航空公司二字代码：BK。

航空公司三字代码：OKA。

总部：北京。

主运营基地：天津滨海国际机场。

图 1-31　奥凯航空飞机

（十一）春秋航空股份有限公司

英文名称：Spring Airlines。

航空公司二字代码：9C。

航空公司三字代码：CQH。

总部：上海。

主运营基地：上海虹桥国际机场、上海浦东国际机场。

图1-32 春秋航空飞机

（十二）河北航空有限公司

英文名称：Hebei Airlines。

航空公司二字代码：NS。

航空公司三字代码：HBH。

总部：石家庄。

主运营基地：石家庄正定国际机场。

图1-33 河北航空飞机

(十三) 华夏航空股份有限公司

英文名称：China Express Airlines。

航空公司二字代码：G5。

航空公司三字代码：HXA。

总部：贵阳。

主运营基地：贵阳龙洞堡国际机场。

图1-34 华夏航空飞机

(十四) 北京首都航空有限公司

英文名称：Capital Airlines。

航空公司二字代码：JD。

航空公司三字代码：CBJ。

总部：北京。

主运营基地：北京首都国际机场。

图1-35 北京首都航空飞机

(十五)上海吉祥航空股份有限公司

英文名称：Juneyao Airlines。

航空公司二字代码：HO。

航空公司三字代码：DKH。

总部：上海。

主运营基地：上海虹桥国际机场、上海浦东国际机场。

图1-36　上海吉祥航空飞机

(十六)天津航空有限责任公司

英文名称：Tianjin Airlines。

航空公司二字代码：GS。

航空公司三字代码：GCR。

总部：天津。

主运营基地：天津滨海国际机场。

图1-37　天津航空飞机

（十七）成都航空有限公司

英文名称：Chengdu Airlines。

航空公司二字代码：EU。

航空公司三字代码：UEA。

总部：成都。

主运营基地：成都双流国际机场。

图 1-38　成都航空飞机

（十八）云南祥鹏航空有限责任公司

英文名称：Yunnan Lucky Air。

航空公司二字代码：8L。

航空公司三字代码：LKE。

总部：昆明。

主运营基地：昆明长水国际机场。

图 1-39　云南祥鹏航空飞机

(十九) 西藏航空有限公司

英文名称：Tibet Airlines。

航空公司二字代码：TV。

航空公司三字代码：TBA。

总部：拉萨。

主运营基地：拉萨贡嘎国际机场。

图 1-40　西藏航空飞机

(二十) 青岛航空股份有限公司

英文名称：Qingdao Airlines。

航空公司二字代码：QW。

航空公司三字代码：QDA。

总部：青岛。

主运营基地：青岛流亭国际机场。

图 1-41　青岛航空飞机

(二十一)浙江长龙航空有限公司

英文名称:Loong Airlines。

航空公司二字代码:GJ。

航空公司三字代码:CDC。

总部:杭州。

主运营基地:杭州萧山国际机场。

图 1-42　浙江长龙航空飞机

(二十二)瑞丽航空有限公司

英文名称:Ruili Airlines。

航空公司二字代码:DR。

航空公司三字代码:RLH。

总部:昆明。

主运营基地:昆明长水国际机场。

图 1-43　瑞丽航空飞机

项目四　机型介绍

学习目标：

1. 了解世界主要民用航空器制造企业的概况。
2. 了解现役的民用航空器主要机型。

任务　世界主要民用航空器制造企业

目前活跃在世界民航舞台上的飞机大部分都是美国波音公司（简称"波音"）和欧洲空中客车工业公司（简称"空客"）所生产的，波音和空客为世界上最大的两家民用飞机制造商。另外，在支线飞机市场上，庞巴迪公司、巴西航空工业公司生产的飞机也占有一定的市场份额，新兴的中国商用飞机有限责任公司的C919飞机也获得了不少订单，我们会逐渐在世界民航的舞台上看到它的身影。

一、美国波音公司

美国波音公司（Boeing）是全球航空航天业的领袖，也是世界上最大的民用和军用飞机制造商。波音公司还提供众多民用航线支持服务，其客户分布在全球90多个国家，就其销售额而言，波音公司是美国最大的出口商之一。在全球70多个国家为波音公司工作的员工超过17万，员工中超过14万人拥有大学学历，他们来自全球约2700家大学，其学位几乎涵盖了所有商业和技术领域的专业。

图 1-44　波音公司大楼

波音公司于 1916 年 7 月由威廉·爱德华·波音（如图 1-45）创建，并于 1917 年改名为波音公司（原名为太平洋航空制品公司）。其于 1934 年按政府法规要求拆分成三个独立的公司：联合飞机公司、波音飞机公司、联合航空公司。1961 年原波音飞机公司改名为波音公司。波音公司建立初期以生产军用飞机为主，兼涉民用运输机，20 世纪 60 年代以后，波音公司的主要业务由军用飞机转向商用飞机。1997 年波音公司与原麦克唐纳·道格拉斯公司（麦道公司）合并，巩固了其作为世界最大商用飞机制造商的地位。

图 1-45　波音公司创始人：威廉·爱德华·波音

1957年波音公司在原KC-135空中加油机的基础上成功研制开发了自己的首架喷气式民用客机——波音707，并获得了上千架的订单。从此，波音公司在商用飞机制造领域便一发不可收，先后研制了波音717、727、737、747、757、767、777、787系列飞机，为世界各地的用户提供从100多座级别到500多座级别以及各种货运型号的民用运输机。其中波音747一经问世便长期占据着大型民用客机的头把交椅。

二、欧洲空中客车工业公司

欧洲空中客车工业公司（Airbus，又称空客、空中巴士、空巴），是一家国际合营公司，1970年于法国成立，总部设在法国的图卢兹，属于法国法律所规定的经济利益集团性质的经济组织。其创立人员来自德国、法国、西班牙与英国四国。空中客车公司作为一家欧洲航空公司的联合企业，其创建的初衷是同波音和麦道等美国公司竞争。

图1-46　空客标志

1967年9月，英国、法国和德国政府签署了一个谅解备忘录，开始进行空中客车A300的研发工作。这是继协和飞机之后欧洲的第二个主要的联合研制飞机计划，也是空中客车公司研发的第一种可与波音竞争的宽体客机。虽然空客有一些和波音、麦道竞争的机型，但它早期在大型、远程民用运输机领域还不能撼动波音的绝对领先地位，尽管空客在当时推出过A340宽体客机，但仍不能抢夺为波音747所独霸的大型客机市场。为了增加和波音竞争的砝码，空客提出了其对民用航空未来经营模式的推断。它认为未来民用运输机将继续向大型化发展，并提出了"枢纽/辐射"的理念：旅客通过支线航班汇聚到枢纽机场，再由大型运输机运送到另一枢纽机场,最后再乘坐支线客机到达目的地。基于这样的理念,空客认为改善空中交通拥挤的最好办法是增加运力,并在1994年6月提出了研发500~800座超大型客机的计划,最终超大型客机A380诞生,一举将波音747从占据了30多年大型民用客机的头把交椅上拉了下来。

空客先后推出了A300、A310、A320、A330、A340、A350和A380系列运输机,为客户提供了从100座级别到800座级别的民用运输机,其中A320系列飞机尤受客户欢迎,成为销量仅次于波音737的运输机。

三、中国商用飞机有限责任公司

中国商用飞机有限责任公司(简称"中国商飞")于2008年5月11日在中国上海成立,是我国实施国家大型飞机重大专项中大型客机项目的主体,也是统筹干线飞机和支线飞机发展、实现我国民用飞机产业化的主要载体。

图 1-47 中国商飞标志

中国商飞主要从事民用飞机及相关产品的设计、研制、生产、改装、试飞、销售、维修等业务。公司的短期目标是要打造安全、经济、舒适、环保的大型客机,让中国的大型客机早日飞上蓝天。其最终目标是挑战波音与空客在全球大型客机市场的垄断地位。

ARJ21新支线飞机(如图1-48)是我国首次按照国际民航规章自行研制的具有自主知识产权的中短程新型涡扇支线客机,座级78~90座,航程2225~3700公里。其于2014年12月30日取得中国民航局型号合格证,于2017年7月9日取得中国民航局生产许可证。目前,ARJ21新支线飞机已正式投入航线运营,销售情况良好。

图1-48　ARJ21新支线飞机

C919大型客机（如图1-49）是我国按照国际民航规章自行研制的具有自主知识产权的大型喷气式民用飞机，座级158~168座，航程4075~5555公里。2015年11月2日完成总装下线，2017年5月5日成功首飞。

图1-49　C919大型客机

CR929远程宽体客机（如图1-50）是中俄联合研制的双通道民用飞机，其以中国和俄罗斯及独联体国家为市场切入点，同时广泛满足全球国际、区域间航空客运市场需求。CR929远程宽体客机采用双通道客舱布局，基本型命名为CR929-600，航程为12000公里，座级280座。此外还有缩短型和加长型，分别命名为CR929-500和CR929-700。

图1-50　CR929远程宽体客机

知识链接：

为什么波音飞机都叫"7×7"

人们向波音员工最常提出的问题之一就是："波音公司是怎么想到用'7×7'作为它的民用飞机的名字的？""波音7×7"这个历史上最著名的品牌之一的起源有许多传说。

侧重数学和工程学的人确信"波音707"这个名字之所以被选中是因为它机翼与机身夹角的正弦值为0.707。事实并非如此，因为这个夹角是35度而不是45度。更多人认为"7"这个数字的正面含义是它被选中的原因。

事实说起来有点平淡无奇。数十年来波音一直为其飞机指定序列型号，正如多数飞机制造商的做法一样。波音民用飞机采用其型号作为其俗名：40型、80型、247型、307平流层客机和377同温层飞机。

波音军用飞机最为人熟知的是其军用编号，例如B−17空中堡垒或B−52同温层堡垒轰炸机。这些飞机还拥有波音公司为其指定的型号，如B−17为波音299型飞机，B−52为波音454型飞机。

第二次世界大战后，当时的波音总裁威廉·艾伦决定将公司的业务从军用飞机扩展到民用飞机以及导弹和航天飞机等新领域。为了支持这一多样化的战略，工程部门以100为单位为新产品领域划分型号：300和400继续代表飞机产品，500用于代表涡轮发动机产品，600用于火箭和导弹，而700则用于喷气式运输飞机。

波音开发出了全球首款大型掠翼式喷气机——B−47，这款飞机引起了一些航空公司的兴趣。其中的一家公司请求波音确认将该机作为民用喷气式运输机的可行性。同时，波音开始研究将螺旋桨推动的367型飞机（KC−97同温层加油机）改装成喷气机的方法，从而使其能够在为B−52进行空中加油时保持同步。

波音产品开发部门研究了几种型号的367型飞机，并最终选中了367−80型飞机，它很快获得了一个绰号："Dash 80"。实际上，367−80与367的外形大相径庭，完全是一种全新的飞机，沿用367的编号是出于保密的考虑。

波音用自己的资金支持开发并建造 Dash 80 原型机是冒了一定的风险的，但对这一风险也心中有数。他们的目标是将该机型既作为军用空中加油机和运输机，又作为民用喷气式客机投入生产。

由于 Dash 80 的这两种分支产品都是喷气式运输机，因此型号系统要求采用 700 系列中的某个数字来为这两种新飞机命名。营销部门认为作为公司的首款民用喷气机，"700 型"这个名字不容易被人记住，因此它们决定跳过几个数字直接叫"707 型"，因为这个名字中的"7"有重复，更容易被人记住。

同样地，Dash 80 的另一种分支产品——军用空中加油机被命名为 717。由于这款飞机是军用飞机，因此还拥有一个军用编号 KC－135。

KC－135 飞机被命名为 717 之后，营销部门决定保留剩余的所有以 7 开头和结尾的型号，专门用于民用喷气机。（在 20 世纪 90 年代末，麦道公司并入波音公司之后，717 这一型号被重新启用，用来表示作为波音民用喷气式飞机家族成员之一的麦道 95 客机。）

除 717 飞机之外，唯一不符合波音民用喷气机命名规则的是波音 720 型飞机。720 作为 707 飞机的短程、高性能版本，最先是以 707－020 型之名向航空公司推出的。美国联合航空公司对 707－020 非常感兴趣，但是先前已决定选择道格拉斯公司以及 DC－8 飞机。为了帮助美联航避免由于重新选择 707 飞机而出现的负面影响，波音公司将 707－020 的名称改为 720。

自从最初的 717 得名以后，所有的波音民用喷气机都在"7×7"这一格式的基础上连续命名，分别称为 727、737 和 747，最新的波音民用喷气运输机被命名为 787。

资料出处：公众号"我爱飞机"，2020 年 4 月 9 日发布，收入时有修改。

项目五　航线、航段与航班

学习目标：

1. 了解国内和国际航线特点。
2. 掌握航班号的编排规则。

任务一　航线、航段

一、航线

从事民航运输飞行时，必须按照规定的路线进行，这种路线叫作航空交通线，简称航线。飞机的航线不仅确定了飞机飞行的具体方向、起讫点和经停点，而且还根据空中交通管制的需要，规定了航线的宽度和飞行高

度，以维护空中交通秩序，保证飞行安全。

按照飞机飞行的起讫点，航线一般可分为国际航线、国内航线，在国内航线中又有一种比较特殊的地区航线。

(一) 国际航线

国际航线是指飞行路线连接两个或两个以上国家的航线，如北京—洛杉矶航线。

(二) 国内航线

国内航线是指在一个国家内部的航线。国内航线又可分为干线、支线和地方航线三大类。

干线航线是指连接国内交通中心的航线，如北京—广州航线、上海—深圳航线等。支线航线是指把各个中小城市和干线上的交通中心联系起来的航线，如成都—九寨沟航线、昆明—丽江航线等。支线上的客流密度远小于干线，因而支线上使用的客机大都是中小型飞机。地方航线是指把中小城市连接起来的航线。地方航线的客流量较小，和支线航线的界限也不是特别明确，因而有时也把支线航线和地方航线统称为区域性航线。

地区航线指在一国之内，连接普通地区和特殊地区的航线，如中国内地与港、澳、台地区之间的航线。

二、航段

航线上各经停点之间的航程称为航段。有的航线只有一个航段，有的航线则由几个航段组成。一般来说，直达航线只有一个航段，非直达航线则有两个或两个以上航段。如沈阳—北京—上海航线，就是由沈阳—北京和北京—上海两个航段组成的，其中北京是经停点。一个航段两端都在国内的称为国内航段，有一端或两端都在国外的称为国际航段。

不同航段由于其所处的地理位置和经济环境不同，空运业务量的大小也不相同。通过航段运量统计来观察每个航段上空运业务量的大小和运输能力，可以更准确地反映航空运输生产状况，为规划航线、安排航班、调配运力提供依据。

任务二　航班

一、航班的分类

按照民航管理局批准的民航运输飞行班期时刻表，使用指定的航空器，沿规定的航线，在指定的起讫经停点停靠的客货邮运输飞行服务，称为航班。

（一）去程航班和回程航班

按照运输飞行去向的不同，航班可分为去程航班和回程航班。去程航班指从航空公司机队所在基地出发的飞行航班，回程航班指返回机队所在基地的飞行航班。

（二）定期航班和不定期航班

按照民航运输飞行的时间规律，航班可分为定期航班和不定期航班。定期航班指按照向社会公布的航班时刻表，按照规定的航线、机型、日期和时刻运营的航班，这也是民航运输的基本形式。不定期航班指航空公司根据运输需要提供的非规则性飞行服务，如包机运输飞行。这类航班没有固定的航班飞行时刻表，也没有固定的飞行航线，通常根据运输需要和合同要求安排机型、飞行时刻、飞行航线和运价。

二、航班号的编排

为了便于区别和业务处理，民航运输机构按照一定的办法，给各个航班以不同的号码，并加上航空公司的代码组成航班号。

（一）国内航班号

我国国内航班号由执飞航空公司二字代码和四位阿拉伯数字组成。2004 年前，四位数字中的第一位代表执飞该航班的航空公司基地所在地区代号（即所属民航管理局的数字代号）；第二位数字是航班终点所在地区代号；第三和第四位数字是航班的顺序号，奇数表示去程，偶数表示回程。

例如，西安飞往北京的航班 CA1202，CA 表示中国国际航空公司，第一位数字 1 表示华北地区（国航的基地在北京，属华北地区）；第二位数 2 表示航班的终点西北地区（西安属于西北地区）；02 为航班序号，其

中尾数 2 表示该航班是回程航班。

2004 年后，随着新兴航空公司和航班越来越多，很多国内航班号不再符合原来的规律（奇偶数结尾的规律仍然不变），这是为了避免航班号出现重复。

（二）国际航班号

国际航班号由航空公司二字代码加 3 位数字组成，第一位数字表示航空公司，后两位是航班序号，奇数表示去程，偶数表示回程。

例如，由纽约飞往北京的航班号 CA982，表示由中国国际航空公司承运的回程航班。

知识链接：

代码共享航班

机票上明明印着 A 航空公司的航班号，上了飞机却发现是 B 航空公司的航班，这是什么情况？不会上错飞机了吧？经常出差的旅客对"代码共享航班"这个词绝不陌生。今天，咱们就说一说什么是代码共享航班。

所谓代码共享是指一家航空公司的航班号（即代码）可以用在另一家航空公司的航班上。乘坐代码共享航班就会出现上面所说的，旅客在旅行中有一段航程或全程购买的是 A 航空公司的机票，实际乘坐的是 B 航空公司的航班的情况，这在如今的航空市场上是很常见的。

那么，为什么会有代码共享这种合作模式出现呢？

代码共享起源于 20 世纪 70 年代的美国，后来迅速成为全球航空运输业内很流行的合作方式。在我国，国航与美国西北航空公司的代码共享开始得最早，始于 1998 年 5 月。双方合作的层次很深，领域也很广。双方不仅连接了订座和离港系统，互通了常旅客项目，联合销售和促销，而且真正实现了"无缝隙"服务目标——旅客在始发机场办理登机手续时即可一次拿到途中所有航班的登机牌，行李也可被直接运至目的地。

对航空公司而言，通过代码共享合作，可以提高航空公司的航班客座率，加大航班密度，提高航空公司的飞机利用率，为航空公司带来更高的经济效益。同时，在开展代码共享合作的过程中，合作各方可以实现航班时刻、航线等资源的互补共享，增强合作双方的竞争优势。总体来说，代码共享可以让航空公司不仅在不投入成本的情况下完善航线网络，提高市场份额，而且还打破了某些相对封闭的航空市场的壁垒。

旅客也可以享受到代码共享合作带来的众多好处。例如，可以有更多的航班和时刻选择，可以享受一体化的中转服务、优惠的机票、共享的休息室等。

资料出处：中国民航网，网址：http://www.caacnews.com.cn/1/6/201904/t20190419_1271780.html，收入时有修改。

三、航班的组织与安排

（一）航班时刻表

各个航空公司将航线、航班及其班期和时刻等按一定的规律汇编成册，就形成了航班时刻表。

根据飞行季节的不同和客流流量、流向的规律，国内的航空公司每年要编制两期航班计划，一期是夏秋航班计划，自3月底至10月下旬执行；另一期是冬春航班计划，自11月初至来年3月下旬执行。

航班时刻表的内容包括航班号、航空公司名称、起飞时间、到达时间、班期等，见表1-1所示。

表1-1　兰州—广州航班时刻表

航班号	航空公司	起飞时间	到达时间	班期	经停
MU2305	东方航空	13：40	18：30	1234567	有经停
HU7394	海南航空	13：50	18：25	135	有经停
CZ3244	南方航空	15：30	20：10	357	有经停
ZH9224	深圳航空	16：10	21：10	1234567	有经停
ZH9554	深圳航空	17：00	22：00	1234567	有经停
CA3450	中国国际航空	17：00	22：00	134567	有经停

续表1-1

航班号	航空公司	起飞时间	到达时间	班期	经停
KY9554	昆明航空	17：00	22：00	134567	有经停
CZ3398	南方航空	17：35	22：50	357	有经停

知识链接：

经停、转机与中转联程

经停：

航班从始发站起飞后，在经停站降落，旅客携带随身携带的行李下机到候机室休息，目的地为经停站的旅客结束行程，然后经停旅客先上机，和由经停站出发的旅客一起飞往目的地。经停一般不换飞机，航班号不变，旅客只需办一张登机牌，交运的行李也不必在经停站提取。一般经停时间为30~40分钟，其间会有工作人员清洁客舱和提供餐食、饮料等。

转机：

始发站到终点站没有航班，旅客需要在途中降落到一个机场，之后再换乘其他飞机继续旅行，随机托运的行李还需要重新托运。需要转机的航程可能由同一个公司的飞机执行，也可能由其他公司的飞机执行，一般要换飞机、换航班号，旅客有两张登机牌。

中转联程：

由航空公司之间或独自的航班通过中转的方式到达目的地的旅行方式叫作中转联程，也叫无缝转接。中转时航班衔接时间为45分钟~72小时。由于中转联程的价格比正常直达票价低很多，所以倍受旅客的青睐。

中转服务是民航针对购买联程机票的旅客而开展的空地一条龙服务。从售票这一环节开始，每个部门都会把中转旅客的姓名、人数、换乘航班情况通知后续部门。中转旅客到达换乘机场后，只要在到达大厅找到中转服务柜台，便会有专人协助其提取行李、办理后续航班登机手续，通过安检。

资料出处：空姐招生网，http://www.hkxyedu.cn/minhang/mhzs/

8208.html，收入时有修改。

（二）航班时刻表的编制依据

航班时刻表的编制涉及的因素有很多，其中最主要的有以下几项。

1. 民航运力

航班时刻表制定的基础是运力，即航空公司的飞机数量及运行状况，只有在掌握了飞机数量和飞机的增减计划的基础上，才能制定出航班时刻表。

2. 市场调查

航班时刻表制定的依据是市场调查，只有在市场调查的基础上才能对航班进行期内（半年或两年）的市场做出预测。而后根据预测和以往的实践经验，制定出切合实际情况的航班时刻表。

3. 航线关系

航班时刻表是一个航空公司整体的行动计划，因而必须从整个航线网来考虑航班的安排。例如，国内航线之间的衔接、国内和国际航线的衔接，以及和地面、水路交通的衔接。

4. 时间因素

航空运输对时间极为敏感，因而航班时刻的安排要尽力做到与旅客的需求相适应。季节、假日等对旅客人数都有影响，航班的起飞和到达时间是旅客选择航班的重要因素。由于航线上其他航空公司的竞争和机场容量的限制，航空公司在安排时不可能把所有的航班都安排在最佳时间，因此，航空公司必须做到综合考虑。

5. 部门协调

航班的组织涉及飞行、维修和供应等多个部门，因而航班时刻表的制定需要所有部门的参与，从而保证各个部门之间在工作周期和内容上的协调。

6. 预留计划

在航班的运行过程中，不可避免地会出现一些与原计划不符的情况，如旅客需要的变化、气候条件的突变等。在制定航班时刻表时，应尽可能考虑到这些变化因素，并留有一定的备用运力，从而保证航班计划执行的灵活性。

思考与练习：

1. 航线可以分为哪几种类型？
2. 国内航班与国际航班的航班号编排规则有哪些不同？

项目六　机场介绍

学习目标：

1. 熟悉机场飞行区的组成。
2. 熟悉机场地面运输区的组成。
3. 熟悉候机楼的分类。

机场又被称为航空港，可分为飞行区、地面运输区和候机楼三个部分。飞行区是飞机活动的区域，地面运输区是车辆和旅客活动的区域，候机楼是地面交通和空中交通的结合部，是机场为旅客提供服务的中心地区。图1-51为大兴国际机场。

图1-51 北京大兴国际机场

任务一 机场的分类

机场是指可供飞机起飞、降落、滑行、停放的场地和有关建筑物及设施的总称。根据用途的不同，机场可分为军用机场和民用机场两大类，民用机场按其功能又可以分为航空运输机场和通用航空机场。

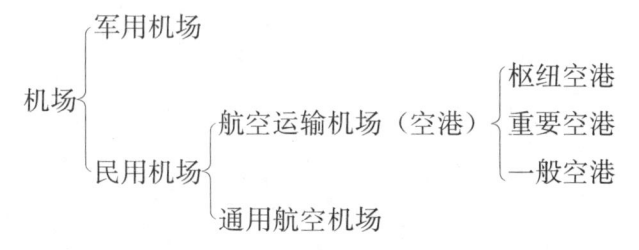

$$
\text{机场}\begin{cases}\text{军用机场}\\\text{民用机场}\begin{cases}\text{航空运输机场（空港）}\begin{cases}\text{枢纽空港}\\\text{重要空港}\\\text{一般空港}\end{cases}\\\text{通用航空机场}\end{cases}\end{cases}
$$

航空运输机场主要用于从事商业航空运输，人们习惯上将其称为航空港，简称空港。根据运输量和规模，空港可分为枢纽空港、重要空港和一般空港。

枢纽空港所依托的城市往往是一个国家或地区的政治、经济、文化中心，其客货运输量都非常大，我国的枢纽空港位于北京、上海、广州，这三大城市的客货流量总和占全国客货流量的40%以上。

重要空港是在一个国家中占据着重要地位的空港，在整个国家的航空运输网中起着核心作用，它所依托的城市一般是一个地区的政治、经济和

文化中心，这些城市通常在全国也有一定的影响力。美国把客货吞吐量占全国1%以上的空港划为重要空港，我国一般把对外开放的国际空港作为重要空港。

枢纽空港、重要空港之外的小型空港称为一般空港，这类空港的客货吞吐量不大，但在全国的航路网上起着不可或缺的作用，对地区的经济发展也起着重要作用，是民航运输网的重要组成部分。

通用航空机场则指主要用于农业、林业、地质、搜救、医疗等特定航空运输服务的机场，也包括用于飞行学习和企业、私人自用的机场等。近年来，随着航空事业的发展和社会经济的进步，航空俱乐部开始兴起，他们也有自己的机场。

任务二　机场的功能区域

一、飞行区

飞行区分为空中部分和地面部分。空中部分指机场的空域，包括飞机进场和离场的航路。地面部分包括跑道、升降带、跑道端安全区、滑行道、机坪，以及一些为维修和空中交通管制服务的设施和厂地，如机库、塔台、救援中心等。

（一）跑道

跑道是机场上长条形的区域，用来供飞机起飞或着陆（如图1-52）。如果机场有超过一条方向相同的跑道，则通常会在阿拉伯数字之后加L、C、R来区别，它们分别代表英文中的左（Left）、中（Center）、右（Right），如28L、28R等。

图1-52　跑道

跑道的性能及相应的设施决定了什么等级的飞机可以使用这个机场。按照跑道的情况，可对机场进行分类，从而制定出飞行区等级代号。（见表1-2）飞行区等级代号由一个数字和一个字母组成，数字表示飞机性能所对应的跑道性能和障碍物限制，字母表示飞机的尺寸所要求的跑道和滑行道宽度。

因此，飞行区等级代号中的数字表示所需要的飞行场地（跑道）长

度，字母表示对应飞机的最大翼展和最大轮距。国内最高的飞行区等级为4F，可满足目前最大型的飞机满载起降。

表1-2 飞行区等级代号表

飞行区代码	代表跑道长度（米）	飞行区代号	翼展（米）	主起落架外轮间距（米）
1	L<800	A	WS<15	T<4.5
2	800≤L<1200	B	15≤WS<24	4.5≤T<6
3	1200≤L<1800	C	24≤WS<36	6≤T<9
4	L≥1800	D	36≤WS<52	9≤T<14
		E	52≤WS<65	9≤T<14
		F	65≤WS<80	14≤T<16

（二）滑行道

滑行道是指机场内飞机从一处滑行至另一处的通道。在飞机场中，飞机地面活动的路线主要为跑道—滑行道—停机坪（客货机坪）—维修（停放）机坪。滑行线路的畅通程度和滑行距离的长短，直接影响飞机场的容量和航班的正常运行。

（三）机坪

机坪是停放飞机和进行各种业务活动的场所，一般设在候机楼外（如图1-53）。根据使用功能的不同，机坪可分为客机坪、货机坪、等待机坪，以及停（维修）机坪。

图1-53 机坪

客机坪：又称登机机坪，是供旅客上下飞机用的停机位置。客机坪的构形及大小，主要取决于飞机数量、旅客登机方式及航站的构形。

货机坪：在货运量大和专门设有货运飞机航班的机场，需要有专门处理空运货物陆空转换的货物航站及相应的货机坪。

等待机坪：供飞机因等待起飞或让路而临时停放用，通常设在跑道端附近。

停（维修）机坪：是停放飞机及进行各种维修活动的场所。

二、地面运输区

地面运输区包括机场进入通道、空港停车场和内部道路（如图1-54）。机场是城市的交通中心之一，而且对乘机有严格的时间要求，因此从城市进出机场的通道是城市规划的一个重要部分，大型城市为了保证机场交通的通畅都修建了从市区到机场的专用高速公路，甚至还开通地铁或轻轨，以方便旅客出行。此外，机场还须建有大面积的停车场以及相应的内部通道。

图1-54 地面运输区

三、候机楼

候机楼包括候机楼建筑本身以及候机楼外的登机机坪和旅客出入车道，它是地面交通和空中交通的结合部，是机场为旅客提供服务的中心地区（如图1-55）。

候机楼的建筑是一个城市或地区的门户，因而候机楼的建筑在考虑功能和实用性之外，在外形上还必须雄伟壮观，体现出国家的气度和现代化

的意识，体现出地方文化特色和区域特征，同时还要考虑便利、安全和保卫的需要等。候机楼按功能可分成两大部分，分别是旅客服务区域和管理服务区域。

图1-55 北京大兴国际机场候机楼

知识链接：

民航系统月份代码

在民航销售、离港等各种系统中，凡用到日期的地方均用月、日表示，其中日用两位数字表示，月用三位字母代码表示，如7月5日表示为05JUL。月份的三位字母代码就是它的英文缩写。

表1-3 民航系统月份代码

月份	英文全称	英文缩写
一月	January	JAN
二月	February	FEB
三月	March	MAR
四月	April	APR
五月	May	MAY
六月	June	JUN

续表1-3

月份	英文全称	英文缩写
七月	July	JUL
八月	August	AUG
九月	September	SEP
十月	October	OCT
十一月	November	NOV
十二月	December	DEC

资料出处：百度文库：https://wenku.baidu.com/view/46142a8d783e0912a3162a23.html。

思考与练习：

1. 机场的飞行区包括哪些组成部分？
2. 请记忆民航系统月份代码。

任务三　掌握乘机流程

一、旅客购票

旅客购买客票的方式多种多样，随着电子商务的发展和网上支付的流行，目前旅客可在网上购买客票，也可通过航空公司、机场、代理人售票直营柜台购买客票。

民航客票销售员（如图1-56）的岗位职责是根据旅客的需求，负责给旅客提供航班及座位信息查询、客票预订、出票、客票变更等业务，如遇航空公司航班变动时，还应及时通知旅客，并按相关规定为旅客办理退票、改签业务。

在客票销售的过程中，工作人员应该在了解旅客需要的前提下，主动为旅客提供全面的出行信息，如客票价格、航班起飞时间、到达时间、航空公司、机上的餐食情况、是否经停以及机型信息等。

当遇到对价格较为敏感的旅客时，可以为其推荐一些出发时间较早、

较晚或经停的航班,因为这些航班的机票往往比较便宜;当遇到对时间比较敏感的旅客时,则应避免推荐最晚的航班,以防止预订航班出现延误或临时取消时无后续航班可签转。

在售票的过程中,要做好旅客信息,如航班信息、旅客姓名、证件号码、联系方式等的登记和确认工作。

图1-56　民航客票销售员

二、到达机场

由于航空运输的特殊性,旅客在乘坐飞机前需要办理登机手续。航空公司一般规定航班起飞前2小时开始办理登机手续,航班起飞前30分钟停止办理登机手续。

另外,由于部分机场有两个及以上的航站楼,因此,旅客需要寻找相应的航站楼。航站楼信息会显示在机票信息中,在机场入口处也有明确指示。

三、办理登机手续

办理登机手续包括换登机牌和托运行李。无需托运行李的旅客可通过机场自助值机、网上值机等方式选择座位并打印登机牌;需要托运行李的旅客需要到值机柜台办理登记手续并托运行李(如图1-57、1-58)。

模块一　民用航空运输基础

图1-57　自助值机柜台

图1-58　值机柜台

机场大厅的显示屏上会显示该机场出港航班的值机柜台情况，旅客根据航班号可找到对应的值机柜台，然后将身份证交给值机人员办理登机手续，值机人员会为旅客办理登机牌。

值机人员的岗位职责主要包括：为旅客办理登机手续（包括托运行李），清点机票，核实航班相关数据、归档，并拍发各类业务电报、填制航班相关报表，负责晚到旅客的召集工作及对候补旅客的处理，将航班生产中出现的特殊情况及时报告值班主任，负责航班关闭后拍发业务电报，航班不正常时协助值班主任做好航班保障工作。

四、托运行李

如果旅客携带大件行李，或携带法律规定不能随身携带上机的物品，可以在值机柜台处办理行李托运。行李托运时，工作人员要负责检查旅客

行李（如图1-59）。

图1-59 行李检查

五、旅客安检

旅客安检是指乘坐民航飞机的旅客在登机前必须接受的一项人身和行李检查，这也是为了保证旅客自身安全和民用航空器在空中的飞行安全所采取的一项必要措施。

安检人员的岗位职责包括：对乘坐民用航空器的旅客及其行李、进入候机隔离区的其他人员及其物品以及空运货物、邮件进行安全技术检查；对候机隔离区内的人员、物品进行安全监控；对执行飞行任务的民用航空器实施监护。

在对旅客实施安检时，安检人员会核查旅客的有效乘机身份证件和登机牌，引导旅客逐个通过安全门（如图1-60）。对通过时安全门报警的旅客，安检人员会以让其重复过门或使用手持金属探测器、手工人身检查的方法进行复查，排除疑点后方会放行。旅客随身携带的行李都必须经过安全检查仪器检查。

图 1-60　旅客安检

六、旅客候机

通过安检后，旅客可按照登机牌（如图 1-61）上标明的航班登机口，找到与该航班对应的候机厅，然后在此候机。候机厅内一般有餐饮设施、商店、卫生间、吸烟室，并免费提供冷、热饮用水。旅客候机时，应注意收听广播播放的登机信息。

图 1-61　登机牌

七、旅客登机

旅客在听到登机广播后，在登机口排队登机。工作人员在核对登机牌、确定旅客所乘坐的航班后，将允许其通过走廊或搭乘摆渡车登上飞机。

八、寻找座位

登机牌上标明了旅客的座位号。登机后，旅客可根据登机牌上的指示找到自己的座位。座位号由一个数字和一个字母组成，数字代表第几排，字母代表具体位置。机上的座位号一般标识在行李舱壁上。

九、到达目的地

飞机到达目的地后，旅客可沿着到达路线离开机场。机场会在出口的通道设置取托运行李的地方，旅客可根据显示屏提示，从传送带上取走自己的行李。若有行李丢失或错拿，可前往行李查询处进行查询和登记。

模块二　民航客票销售

模块导读：

通过模块一的学习，我们已经知道购买客票是旅客乘机的前提。在购买客票时，旅客需要提供有效的购票证件，选择所需要的服务等级，以及确定所需的餐食标准等。航空公司销售人员则需要根据旅客的要求，熟练地将旅客信息及相关要求输入民航订座系统，为旅客妥善预定客票。

项目一　认识客票

学习目标：

1. 了解电子客票行程单的组成。
2. 熟悉旅客乘机的有效证件类型。

任务一　客票概述

客票是指由承运人（航空公司）或承运代理人（从事民用航空运输销售代理业务的企业）所填开的凭证。客票是承运人和旅客订立航空运输合同的初步凭据，是旅客乘坐飞机、托运行李的凭证，同时也是承运人之间相互结算的凭证。

客票为记名式，只限客票上所列姓名的旅客本人使用，不得转让和涂

改，否则客票无效，票款不退。

根据票本保存形式的不同，客票可分为纸质客票和电子客票两种。

一、纸质客票

纸质客票主要是指航空公司的纸质本票。目前，纸质客票已基本被电子客票代替。

国内纸质客票由运输合同条件、声明、通知事项，财务联、出票人联、1~2张不等的乘机联和旅客联组成。其中，财务联供财务部门审核和入账用，出票人联供填开客票的单位存查，乘机联供旅客在标示的指定地点乘机使用，旅客联由旅客持有，在验票及退票时客票必须附有旅客联。

二、电子客票

现在民航客票普遍采用电子客票。电子客票实际上是传统纸质机票的一种电子映像，是一种电子号码记录。纸质机票将相关信息打印在专门的机票上，而电子客票则将票面信息存储在订座系统中。由于纸质机票上的信息全部被保存在系统中，因此电子客票只是"无纸"而不是"无票"。电子客票可以像纸质机票一样，进行出票、作废、退票、换开等操作。工作人员可以随时提取电子客票、查看客票的信息。此外，电子客票采用全程电子化的结算流程，不需要纸制票联就能结算。

电子客票在给旅客带来诸多便利的同时，也降低了航空公司的成本。旅客可以在异地订购客票，凭有效证件就可直接办理登机。

三、电子客票行程单识读

目前，我国电子客票使用《航空运输电子客票行程单》（如图2-1，以下简称《行程单》）来作为旅客付款凭证或报销凭证。旅客购买电子客票时，付款后可向出票单位索取《行程单》，也可在机场相应航空公司的售票处打印《行程单》。《行程单》为一票一单，不作为机场办理乘机手续和安全检查的必要凭证。此外，《行程单》不能重复打印，发生遗失和损坏时不补；如发生退票，需收回已打印的《行程单》。《行程单》票面内容主要包括以下内容：

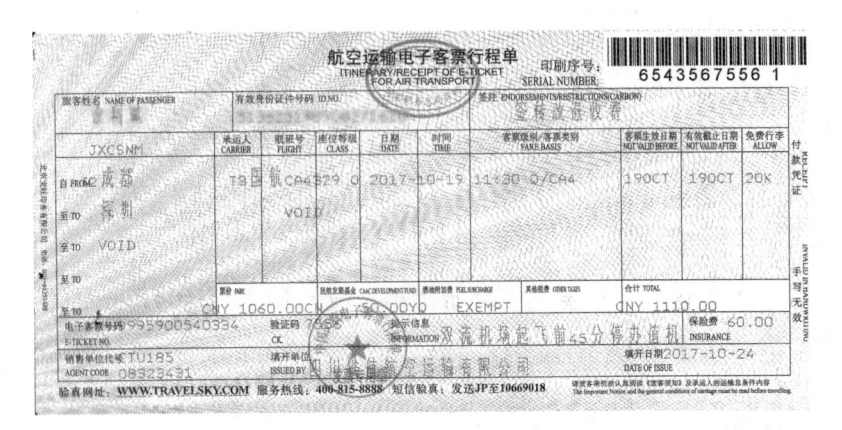

图 2-1　电子客票

（1）旅客姓名（NAME OF PASSENGER）：打印的旅客有效身份证件上的姓名。中国旅客直接打印中文全名；外国旅客先打印姓氏，其后画一斜线，再打印名字和称谓。例如，Mr. Michael Jordan，应打印 JORDAN/MICHAEL MR。当不能完整打印外国人的名字时，可用名字的首字母代替。例如，Mr. George Alexander Louis，可以打印为 LOUIS/GA MR。

对于一些特殊旅客，需要在其姓名后打印相应代号以表明其特殊性，如婴儿打印 INF，儿童打印 CHD。

（2）有效身份证件号码（ID NO.）：打印旅客订票时使用的有效身份证件的号码。

（3）签注［ENDORSEMENTS/RESTRICTIONS（CARBON）］：打印特别需要注意的事项。例如，若客票不允许签转或退票，打印"不得签转"或"不得退票"字样。

（4）自（FROM）至（TO）：打印行程。"自（FROM）"栏内打印的是始发城市的名称和机场三字代码，"至（TO）"栏内为每一连续的转机点或目的地。当一个机场有多个航站楼时，一般会打印航站楼名称，如 PEKT2，表示北京首都国际机场（PEK）的 2 号航站楼（T2）。行程单中的 VIOD 表示为空白的意思。

（5）承运人（CARRIER）：打印各航段已申请或订妥座位的航空公司的二字代码。不定期航班可不填此栏。

(6) 航班号（FLIGHT）：打印各航段已申请或订妥座位的航班号。不定期航班可不填此栏。

(7) 座位等级（CLASS）：打印各航段已申请或订妥座位的舱位等级代号。不定期航班也必须打印舱位等级代号。舱位等级代号为头等舱 F、公务舱 C、经济舱 Y。

(8) 日期（DATE）：打印各航段已申请或订妥座位的乘机日期。不定期航班可不填此栏。

(9) 时间（TIME）：打印各航段已申请或订妥座位的航班离站时间。不定期航班可不填此栏。

(10) 客票级别/客票类别（FARE BASIS）：打印的客票级别，一般包括服务等级、旅客类别、折扣率等内容。例如，YIN10，表示购买的是按成人票价 10％支付的经济舱婴儿票价。

(11) 客票生效日期（NOT VALID BEFORE）和有效截止日期（NOT VAL1D AFTER）：打印客票生效日期和截止日期。有效期为一年的普通客票可以不填此栏。有效期不足一年的客票，根据票价使用条件和具体规定，以"数字+月份三字代码"的形式在相应栏打印客票生效日期和截止日期。例如，07MAY，表示 5 月 7 日。

(12) 免费行李（ALLOW）：打印免费托运行李的重量，头等舱一般为 40 千克，公务舱一般为 30 千克，经济舱一般为 20 千克。婴儿票没有免费行李额，打印 NIL。

(13) 票价（FARE）：打印全航程的票价总额，并在票价总额前加上人民币货币代号"CNY"，如 CNY 1660。

(14) 民航发展基金（CAAC DEVELOPMENT FUND）：从 2012 年 4 月起，我国废止机场建设费，改征民航发展基金，乘坐国内航班的旅客每人每次需缴纳 50 元，国际航线每人每次需缴纳 90 元。民航发展基金在购票时与票款一起缴纳，征收代号为"CN"。

(15) 燃油附加费（FUEL SURCHARGE）：为了缓解油价上涨给航空公司造成的经济压力，目前我国允许航空公司向旅客收取燃油附加费，征收代号为"YQ"。

(16) 其他税费（OTHER TAXES）：目前在国内航空运输中，除民航发展基金和燃油附加费，无需缴纳其他费用，所以该栏一般为空白。

（17）合计（TOTAL）：一般为票价+民航发展基金+燃油附加费。

（18）电子客票号码（E-TICKET NO.）：即前一小节所述的机票票号，一般而言，承运第一航段航班的航空公司为客票归属的航空公司。

（19）验证码（CK）：为验证行程单的真假而设定的一个代码。

（20）保险费（INSURANCE）：打印旅客在票价以外支付的保险费用。不包括机票本身包含的强制保险部分。

四、客票有效期

客票自旅行开始之日起一年内有效。如果客票全部未被使用，则从填开客票之日起一年内有效。客票的有效期从旅行开始或填开客票之日的次日凌晨起算。特殊票价的客票有效期按照承运人规定的适用票价的有效期计算。

任务二 旅客乘机有效身份证件

旅客乘机的有效身份证件包括法定身份证件和其他有效证件，法定身份证件可分为三大类：居民身份证件、军人类证件和护照类证件。

一、居民身份证件

居民身份证件是航空旅行中使用最多的证件，包括国内大陆地区的居民身份证和临时居民身份证。

目前有效的居民身份证为第二代居民身份证（如图 2-2），第一代身份证自 2013 年 1 月 1 日起已全部停用。

图 2-2 第二代居民身份证背面

临时身份证适用于应申领居民身份证而尚未领到证件的人，以及居民身份证丢失、损坏但尚未补领到证件的人，其在有效期内效力等同于居民身份证，有效期分为"3个月"（阿拉伯数字填写）和"一年"（汉字填写）两种。

二、军人类证件

军人类证件包括军官证、警官证、士官证、文职干部证、离（退）休干部证、军官退休证、职工证、学员证、义务兵证等（如图2-3）。

法定不予颁发居民身份证的现役中国人民解放军军人、武装警察部队官兵的有效身份证件为中央军事委员会颁发的军官证、警官证、士兵证和文职干部证。

中国人民解放军、武装警察部队的离（退）休干部，如果未移交到地方，军队的离（退）休干部证是其有效身份证件。

中国人民解放军、武装警察部队院校学员，取得军籍时居民身份证即注销，所在院校颁发的学员证是其有效身份证件。

图2-3 军人类证件

三、护照类证件

护照类证件包括护照（如图2-4）、港澳同胞回乡证、港澳居民来往内地通行证、中华人民共和国往来港澳通行证、"台湾居民"来往大陆通行证、大陆居民来往台湾通行证、外国人居留证、外交官证、领事官证、海员证等。

图 2-4 护照

四、其他有效证件

有些证件并不是法定有效身份证件，但可以用于旅客购票、乘机和办理客、货运业务，这些证件包括以下几类：

（1）全国人民代表大会代表、全国政协委员，凭当届全国人大代表证、全国政协委员证可购票乘机。

（2）出席全国或省、自治区、直辖市的党代会、人代会、政协会、工青妇代会和劳模会的代表，凭所属县、团级（含）以上党政军主管部门出具的临时身份证明可购票乘机。

（3）旅客的居民身份证在户籍所在地以外被盗或丢失的，凭发案、报失地公安机关出具的临时身份证明可购票乘机。

（4）2岁以下的婴儿和2周岁至12周岁的儿童凭居民户口簿（如图2-5）和出生证可购票乘机。

（5）持中华人民共和国护照的居民，无身份证者，在护照签证有效期内，凭护照可购票乘机。

图 2-5 居民户口簿

项目二 民航旅客运价

学习目标：

1. 了解客票价格的制定依据。
2. 熟悉不同航空服务等级所对应的票价。
3. 熟悉儿童、婴儿旅客票价。

任务一 民航旅客运价的概述

一、运价的定义及特点

（一）运价的定义

运价就是运输产品的价格，是运输产品价值的货币表现，是单位旅客及单位货物在一定运输距离的运输价格。

客票上所显示的运价为旅客由出发地机场至目的地机场的航空运输价格，不包括机场与市区之间的地面运输费用，也不包括机场建设费、燃油附加费，以及旅客购买其他付费服务、使用其他付费设施所需要的费用。

（二）运价的特点

（1）每客公里的费率随距离的增加而降低。

（2）运价只有销售价格一种形式。由于运输业有其特殊性，其产品在生产的同时被消费，不能脱离生产过程这一特点，因而运价只有销售价格一种形式。

（3）运价随运输对象、方式、数量和距离的不同而发生变化。

（4）民航运输属于高投入、高成本、低盈利的行业，运输产品成本高，导致其运输价格比其他运输方式的价格高。

（5）运价受运输对象、运输距离、季节等因素的影响而发生变化。民航旅客运价种类之多是其他运输方式所没有的，具有很大的灵活性。

二、运价的制定原则

制定运价必须以运输价值为基础，以运输成本为主要依据，另外，运价还应符合商品定价原则，以保证企业能够取得合理的利润，确保企业的正常运转。

（一）运输成本

运输成本是指运输企业从事客、货运输业务过程中所消耗的各项费用。作为制定运价的主要依据，运输成本是运输产品定价的底线。

运输成本主要包括飞机购置和折旧费、燃油费、维修费用、飞机保险费用、机场服务费用、经营费用、管理费用、财务费用等。

航空公司的成本分为可控成本和不可控成本。可控成本包括人力成本、管理成本，以及机上餐饮、行李托运等服务成本。在我国，民航业的可控成本在总成本中占的比例并不高，一般只有30%左右。不可控成本主要包括税和航油成本、航材成本和起降服务费，由于政策和体制的原因，我国航空公司的不可控成本比国外的要高出很多。

（二）盈利水平

制定运价时，应保证企业获得一定的利润，以便再生产和扩大再生产，盈利水平除利润外还包括税金。

（三）运价政策

运价政策是国家的价格政策的重要组成部分。国家的价格政策旨在调整产业结构和产品结构，鼓励或限制某种商品的生产和消费，合理利用资

源和均衡配置生产力。运价政策也同样起到这些作用,也就是充分利用运价的经济杠杆作用,促进运输产业的发展。

任务二 民航旅客运价的种类和适用范围

一、运价的种类

(一)按照服务等级划分

服务等级是指为旅客提供服务的等级,不同的服务等级对应不同的票价。国内航线的客运价一般对应三个服务等级:头等舱(F)、公务舱(C)和经济舱(Y)。

1. 头等舱票价

民航企业在有头等舱布局的飞机飞行的国内航班上向旅客提供头等舱座位(如图2-6)。头等舱的座位较公务舱座位宽而舒适,每人免费交运行李额为40千克。一般而言,国内航线头等舱的票价是经济舱正常票价的150%,但航空公司可自主定价。

例如,广州—北京的经济舱票价为CNY1700.00,则头等舱票价为:1700.00×150%=CNY2550.00。

图2-6 头等舱座位

2. 公务舱票价

民航企业在有公务舱布局的飞机飞行的国内航班上向旅客提供公务舱座位(如图2-7)。公务舱座位较头等舱窄,但比经济舱宽,每人免费交运行李额为 30 千克。国内航线公务舱的票价一般为经济舱正常票价的 130％，但航空公司可自主定价。

例如，广州—北京的经济舱票价为 CNY1700.00，则公务舱票价为：1700.00×130％=CNY2210.00。

图 2—7　公务舱座位

3. 经济舱票价

民航企业在飞机飞行的国内航班上向旅客提供经济舱座位（图 2—8）。经济舱每人免费交运行李额为 20 千克，其正常票价为国家对外公布的直达票价。

图 2—8　经济舱座位

(二) 按照行程方式划分

1. 单程票价

单程票价也称为直达票价。它适用于规定航线上的由甲地到乙地的航班运输，现行对外公布的国内航线客票价均为航空运输的直达票价。例如，广州—北京现行的经济舱单程票价为 CNY1700.00。

2. 来回程票价

来回程票价适用于从出发地至目的地并按原航程返回出发地的航班运输。来回程票价由去程运输的直达票价与回程运输的直达票价两个单程票价组成。某些航空公司为促销其产品，在本公司的业务文件中规定，某一时间段内，如果来回程均乘本公司的航班，则票价在两个单程票价的基础上可打一定的折扣。

例如，广州—北京经济舱来回程票价是 1700.00×2＝CNY3400.00，南方航空公司规定如一次性购买来回程机票可优惠 5％，即旅客只需要支付去程 1700.00×95％＝CNY1615.00，进位后为 CNY1620.00；回程 1700.00×95％＝CNY1615.00，进位后为 CNY1620.00；总票款为 CNY3240.00。

3. 联程票价

联程客票指列明有两个（含）以上的航班的客票，而联程票价则是将旅客所乘坐航段的票价分段相加，以此作为全程票价。

例如，旅客购下列联程机票旅行：

海口—广州—宁波—北京。

三段票价为：CNY700.00、CNY1190.00、CNY1180.00。

则旅客需要支付 700.00＋1190.00＋1180.00＝CNY3070.00 的联程票价。

二、运价的范围

(一) 儿童与婴儿票价

儿童是指年满 2 周岁，但未满 12 周岁的旅客；婴儿是指年龄在 2 周岁以下，出生满 14 天以上的旅客。

在国内旅行时，儿童按成人全票价的 50％购买儿童票，单独占一个座位，享受和成人一样的免费交运行李额。婴儿按成人全票价的 10％购买婴儿票，没有单独座位，没有免费交运行李额。

旅客所带婴儿超过一名时，只有其中一名婴儿可购婴儿票，一名以外的婴儿应购儿童票，购买儿童票的婴儿单独占一个座位。

（二）团体票价

航空公司可根据团体旅客人数和航班座位销售情况给予团体旅客适当的票价优惠，其折扣率随季节、团队人数、代理商资质的不同而发生变化，由航空公司视具体情况而定。大多数航空公司采用"一团一议"的方法给予优惠。

（三）革命伤残军人/警察票价

因公致残的现役军人和因公致残的人民警察在乘坐国内航班时，凭《革命伤残军人证》或《人民警察伤残抚恤证》，在规定的购票时限内，其购票价款为正常票价的 50%。

思考与练习：

1. 民航旅客运价的种类有哪些？
2. 儿童与婴儿的票价如何收取？

项目三　旅客订座记录的建立

学习目标：

1. 熟悉航班信息查询的操作。
2. 熟悉建立旅客订座记录的操作。

任务一　系统登录

民航企业通过计算机系统来预留旅客在航班上预订的座位。

中国民航信息网络股份有限公司（简称中国航信）形成了以中国民航商务数据网络为依托，以订座系统（包括售票代理人订座系统 CRS 和航空公司订座系统 ICS）、离港系统（DCS）、货运系统三个大型主机系统为支柱的发展格局。这三大主机系统已发展成为中国最大的主机系统集群，

担负着中国民航（包括国内所有航空公司）重要的信息处理业务。

其中，航空公司订座系统（ICS 系统）和售票代理人订座系统（CRS 系统）均是中国民航计算机管理中心开发的产品。

中国航信订座系统是一个大型的主机系统，如果要进入其售票代理人分销系统，应输入如下指令：

＞＄＄OPEN TIPC3

说明：

（1）">"在系统中显示为一个实心三角形，称为开始符，按 ESC 键显示，输入的指令前面都必须有">"符号。

（2）执行所输入的命令时，按键盘上的 F12 键或 Enter 键或双击鼠标左键。

系统显示：SESSION PATH OPEN TO：TIPC3，表示已经进入系统。

一、DA 指令

DA 指令用于查看各工作区的使用情况。

例如，＞DA：。

A＊	57585	25JAN 1210 41	SIA998
B	AVAIL		
C	AVAIL		
D	AVAIL		
E	AVAIL		
PID=2305		HARDCOPY=1112	
TIME=1210	DATE=25JAN	HOST=LILY	
AIRLINE=	IE	SYSTEM=CAAC07	APPLICATION

说明：

A 后的 ＊ 号是活动工作区的标志，"A＊"表示 A 工作区是当前活动工作区。

二、SI 指令

SI 指令是工作人员进入系统所需输入的指令。

格式：SI：工作区/工作号/保密号（XMIT）。

例如，工作区为1234A，工作号为1234B，保密号为12345的营业员准备进入系统，需输入如下指令：

>SI：1234A/1234B/12345。

三、SO指令

SO指令用于使工作号退出所占有的工作区。

格式：SO（XMIT）。

例如，>SO：。

四、AO指令

AO指令用于暂时放弃对工作区的控制。

格式：AO。

例如，>AO：。

五、AI指令

AI指令用于重新建立对暂时放弃的工作区的控制。

格式：AI：工作区/工作号/保密号（XMIT）。

例如，工作号11111（保密号123A）已临时退出系统，现工作员欲重新进入系统，须输入如下指令：

>AI：A/11111/123A。

六、AN指令

AN指令用于改变工作号的密码。

格式：AN：旧密码/新密码。

例如，假定有工作区1234A，工作号1234B，原保密号为123A，现欲改为888F，需输入如下指令：

>AN：123A/888F。

任务二　查询航班信息

当旅客需要预订航班，但不能提供具体的航班信息时，航空公司客票销售人员可通过查询航班信息确定旅客所需的航班。

一、查询航班班期

SK 指令主要用于查看指定时间内两个城市之间的航班信息，包括航班号、起讫地点、出发和到达时间、机型等。SK 指令所显示的航班信息的时间段为指定日期和其前后三天，共一周的时间。

（一）指令格式

＞SK：选择项/城市对/日期/时间/航空公司代码/舱位/经停标识。

（二）格式说明

（1）选择项有以下几个：

P：显示结果按照起飞时间先后顺序排列。

A：显示结果按照到达时间先后顺序排列。

E：显示结果按照飞行时间由短到长排列。

若上述选项均不填，则默认为 P。

（2）城市对为必填项，其余为可填项。

（3）日期的输入格式为 DDMMM；若不加日期，则默认显示当天的航班信息，也可以用"."表示当天；用"＋"表示明天，用"－"表示昨天。

（4）经停标识选项：

D：仅显示直达航班，包括直达经停的航班和直达不经停的航班。

N：仅显示无任务经停的航班，即只显示直达不经停的航班。

若 D、N 均不填，则显示指定日期的所有航班，包括直达航班和转机航班。

（三）举例

查询 9 月 27 日前后各三天，广州到沈阳的航班班期情况，需输入如下指令：

＞SK：CANSHE/27SEP。

（四）系统显示

```
24SEP（WED）/30SEP（TUE）CANSHE
1 CZ6384 CANSHE 0800 1130 3200C E 37    28MAY220CT AFPJCDIOWSYBMHKUL*
2 CZ3601 CANSHE 0800 1140 3200C E X37   03JUN250CT AFPJCDIOWSYBMHKUL*
3 ZH9627 CANSHE 0850 1235 3200  E       28MAY250CT FPAODYBMHKLJQZGVW*
4 CZ6316 CANSHE 1020 1405 3200C E       07JUN250CT AFPJCDIOWSYBMHKUL*
5 ZH9661 CANSHE 1230 1610 3200  E       28MAY250CT FPAODYBMHKLJQZGVW*
6 ZH9425 CANSHE 1415 1750 3200  E       01JUL250CT FPAODYBMHKLJQZGVW*
7 CZ6302 CANSHE 2000 2340 3190C E       25 JUL250CT AFPJCDIOWSYBMHKUL*
```

显示结果中，第一行为查询的时间范围和航程；其他行为航班信息，各列的含义如下：

(1) 第一列为航班序号。

(2) 第二列为航班号。

(3) 第三列为城市对。

(4) 第四、第五列为起降时间，如 0800 表示早晨 8 点。

(5) 第六列为机型，如 320 表示空客 320 系列飞机。

(6) 第七列为是否有经停点。0 代表没有经停点，1 代表有一个经停点。

(7) 第八列为餐食标志，如 C 表示饮料，B 表示早餐，D 表示正餐，S 表示零餐，M 表示正餐，L 表示午餐。

(8) 第九列中的 E 表示电子客票。

(9) 第十列中的 37、X37 表示班期。

(10) 第十一列表示该航班的执行周期，如 28MAY220CT 表示该航班在 5 月 28 日至 10 月 22 日都按这条内容执行。

(11) 最后一条为仓位等级。

二、查询航班座位可利用情况

AV 指令用于查询航班座位可利用情况，及相关航班信息，如航班号、舱位、起飞到达时间、经停点等，这是一个非常重要的指令。

(一) 指令格式

AV：选择项/城市对/日期/起飞时间/航空公司代码/经停标识/座位等级。

(二) 指令说明

(1) 选择项有以下几种：

P：显示结果按照起飞时间先后顺序排列。

A：显示结果按照到达时间先后顺序排列。

E：显示结果按照飞行时间由短到长排列。

H：显示所有舱位座位利用情况。

若上述选项均不选，则默认为 P。

(2) 城市对为必选项，其余为可选项。

（三）举例

下面以具体的实例说明 AV 指令的输入和输出：

1. 指定日期的航班信息查询

AV：PEKSHA/100CT。

AV：PEKSHA。

2. 指定日期及航空公司的航班信息查询

AV：PEKCAN/150CT/CA。

3. 指定日期的某一时间之后的航班信息查询

AV：SHACTU/10DEC/1100。

4. 指定日期的某一时间之后某航空公司的航班信息查询

AV：SHACTU/10DEC/1100/SZ。

5. 指定日期及到达机场的航班信息查询

AV：PEKPVG/11DEC。

6. 显示直达航班座位情况

AV：SHAPEK/+/D。

7. 显示无经停点的航班

AV：SHAPEK/N。

例如，查询成都到贵阳 6 月 15 日的航班座位可利用情况，需输入如下指令：

＞AV：H/CTUKWE/15JUN/D。

（四）系统显示

```
＞AV：H/CTUKWE/15JUN/D
15JUN（MON）CTUKWE
1 3U2247 DS# FA CY YA TA HA MS GA SS LA QS CTUKWE 0650 0810 320 0˙ E
＞           EA VS RA KA IS NS DS OS BS XS              T1 T2  1:20
2 CA4439 DS# F6 A4 J6 C1 D1 Z2 R2 YA BA MS CTUKWE 0750 0910 321 0˙ E
＞           UA HS QA VA WA SA TA LA NL KS              T2 T2  1:20
3 EU2247 DS# YA TA HA MS GA SS LA QS EA VS CTUKWE 1510 1625 320 0˙ E
＞           RA KA IS NS DS OS BS XS US WS              T2 T2  1:15
4 CA4435 DS# F4 A2 J4 C1 D1 Z2 R2 YA BA MS CTUKWE 1520 1625 320 0˙ E
＞           UA HS QA VA WA SA TA LS NL KS              T2 T2  1:05
```

```
5+ GY7118 DS♯ W3 YA BA MQ HA KQ LA JQ QA RQ CTUKWE 2120 2230 319 0 M
  E
           EA VQ ZA IQ UA SQ P5 TQ D4 AS                T2 T1 1:10
```

（1）显示中的 DS♯ 为该航空公司与 CRS 之间的协议级别，不同的协议级别获取座位的方式不同。

（2）DS♯ 是最高的协议级别。若显示 AS♯，则表示该航班做过时间变更。

（3）ASR 标识表示该航班提供机上座位直接预订功能。

（4）FCYTHMGSLQEVRKINDOBX 为舱位等级。

（5）对应等级的座位可利用情况代号，有以下几种含义：

A：可以提供 9 个以上座位。

1～9：可以提供 1～9 个座位，这种情况下系统显示具体的可利用座位数。

L：没有可利用座位，但旅客可以候补。

R：申请状态，没有可利用座位，但可以申请（HN）。

Q：永久申请状态，没有可利用座位，但可以申请（HN）。

S：因达到限制销售数而没有可利用座位，但可以候补。

C：该等级彻底关闭，不允许候补或申请。

X：该等级取消，不允许候补或申请。

Z：座位可利用情况不明，这种情况可能在外航航班上出现。

任务三　旅客订座记录的建立

一、PNR 的基本组成

PNR 是旅客订座记录 Passenger Name Record 英文缩写。它记录了旅客行程的必要信息，如姓名、人数、旅行地点、时间、联系电话等。因此 PNR 必须带有下列项目：

姓名组（Name）。

航段组（Segment）。

联系组（Contact）。

责任组（Responsibility Element）。

二、PNR 的建立

（一）姓名组

姓名组记录了旅客姓名、称谓、特殊旅客代码，以及所订座位数等内容。它是组成旅客订座记录必不可少的组项。

1. 指令格式

成人及儿童：＞NM：该姓名的订座总数及旅客姓名（特殊旅客代码）。

婴儿：＞XN：IN/婴儿姓名 INF（出生年月）/跟随旅客序号。

2. 指令说明

（1）旅客姓名由英文字母或汉字组成，中文旅客姓名最多10个汉字，英文最多29个字符。

（2）旅客英文姓名均应由英文 26 个字母组成，姓与名之间需用斜线（/）分开。

（3）输入带有英文字母的姓名时，姓氏不得少于两个字母；当旅客的姓氏只有一个字母时，把姓氏与名字连在一起，再加称谓"/MS"或"/MR"。

（4）旅客名单按照姓氏的字母顺序排列。

（5）尽量保证旅客姓名输入的准确性，航空公司一般禁止修改旅客姓名。

（6）占有座位的婴儿应按儿童处理，可参照成人携带儿童的实例。

（7）散客记录的最大旅客数为 9 人，旅客数大于 9 人的记录为团体旅客记录。

3. 举例

（1）一位中文姓名旅客的输入。

＞NM：1王小刚。

系统显示：

| 1. 王小刚 |
| 2. CTU/T CTU TEST ABCDEFG |
| 3. CTU999 |

序号1：订座记录中一旅客姓名为王小刚，订取一个座位。

序号2：订座系统的联系组，该项显示的是代理人的联系信息，由订座系统根据单位配置进行设置，由系统自动生成。

序号 3：订座单位 OFFICE 号，由系统自动生成。

（2）多位中文姓名旅客的输入。

＞NM：1 王小刚　1 吴小易

系统显示：

1. 王小刚
2. 吴小易
3. CTU/T CTU TESTABCDEFG
4. CTU999

（二）航段组

1. 直接建立

直接建立航段组是工作人员在知道待订航班的所有信息如航班号、日期、舱位、座位数及起飞时间的情况下建立起来的（间接建立则需要先将航班信息提取出来，再根据旅客的需要选择适当的班次）。

（1）指令格式。

SS：航班号/舱位/日期/航段/行动代码/订座数/起飞时间到达时间。

（2）指令说明。

"行动代码"可省略，默认为 NN 申请。

订座数：与旅客数要一致。

起飞、降落时间：可省略，个别航空公司因连接模式不同，如果省略此项可能使航段无法显示时间。

2. 间接建立

利用航班时刻表、指定日期班机时刻表或航班座位可利用情况建立的航段组是间接建立航段组。

指令格式：

SD 航班序号舱位/订座行动代码座位数（预订状态下的 PNR 订座行动代码用 LL，直接出票状态下的 PNR 订座行动代码用 RR）。

例如，＞SD1Y/LL2

（三）证件号码组

SSR　FOID 航空公司二字代码 HK/NI 证件号码/旅客序号（身份证用 NI，护照用 PP，其他证件用 ID）。

例如，>SSR FOID CZ HK/NI1233456/P1。

（四）联系组

>OSI　航空公司二字代码　CTCT 手机号码。

例如，>OSI CA CTCT13476139628。

（五）预留时限组

TKTL/预留时间/预留日期/系统配置号。

例如，>TKTL/2200/05JUN/WUH262。

（六）票价组

PAT：A 或 PAT：（票价组由票价构成组 FN、票价计算组 FC、付款方式组 FP 三项构成，做 PAT：A 或 PAT：系统可自动生成票价组三项内容）。

（七）责任组

建立 PNR 后，电脑自动显示当前部门的地址。

（八）封口

格式：@。

在修改或建立新的 PNR 时，用封口指令使修改或建立的 PNR 生效。封口指令可以单独输入，也可以在一组指令的最后输入。

（九）特殊服务组的建立

一些与客人相关的特别服务申请是通过 SSR 备注来实现的，如旅客身份证信息输入、国际航段护照信息输入、常旅客信息输入以及特殊服务申请。

指令格式：

SSR：服务类型代码　航空公司代码　行动代号　需要该项服务的人数　自由格式文本/旅客标识/需要该项服务的航段序号。

1. 身份证信息输入

订座记录中必须包含旅客的身份信息，否则，旅客是不能在机场办理值机正常登机的。

指令格式：

SSR FOID 航空公司代码 HK/NI 证件号/Pn。

说明：

FOID：身份信息。

航空公司代码：若输入 YY，系统会根据 PNR 中航段自动套用代码。

HK：状态代码，固定格式。

NI：身份证。

Pn：旅客标识。每个旅客只能输入一个身份信息。

2. 信息的备注

指令格式：

SSR：OTHS 航空公司代码自由文本/旅客序号。

3. 特殊餐食、特殊服务的申请

特殊服务申请主要包括特殊餐食申请、儿童申请、婴儿申请等。

例如，特殊餐食的申请：

有的旅客因为个人饮食习惯或宗教信仰，对餐食有特殊的要求，需要在订票时进行标注。

指令格式：

SSR：餐食代码 航空公司代码 NN1 城市对 航班号 舱位 航班起飞日期/文/Pn/Sn。

说明：

航空公司代码：若输入 YY，系统会根据 PNR 中的航段自动套用代码。

NN1：申请代码与数量，固定格式。

城市对、航班号、舱位、航班起飞日期：可以省略，在最后以 Sn 的方式指定订单中的航段序号。

Pn：成人旅客序号。

Sn：航段序号。

项目四　客票变更、签转与退票

案例：

市民季女士打算去乌鲁木齐旅游。"前两天，我在某航空公司官方网站订购了两张特价机票。"季女士说，她原本打算出去好好玩玩，但因故改变行程。退票时，她被告知 4.5 折以下的特价机票不能退票，也不能改签……

请你想一想，季女士无法退票的原因是什么？

任务一　客票变更

旅客购票后，如因故改变航班、日期或舱位等级，称为客票变更。

一、客票变更的种类

客票变更分为自愿变更和非自愿变更两种。

旅客购票后，旅客本人需要改变航程、航班、乘机日期、离站时间或舱位等级，称为自愿变更。

航班取消、提前、延误、航程改变或承运人未能向旅客提供已订妥的座位（包括舱位等级），或未能在旅客的中途分程地点或目的地点停留，或造成旅客已订妥座位的航班衔接错失，致使旅客要求变更客票的，均属于非自愿变更。

二、客票变更的一般规定

（1）旅客购票后，如要求改变航班、乘机日期，必须在原指定航班离站时间前提出，承运人可按有关规定给予办理。

（2）旅客购票后，如要求改变舱位等级，承证人可在航班有可利用座位和时间允许的条件下予以积极办理，并为旅客换开新客票。根据更改后舱位的票价填开客票，票价与原票款存在差额的，多退少补。

(3) 特种票价的客票变更，如旅客要求改变航班、日期，应符合该特种票价所规定的条件。

(4) 不得办理革命伤残军人优惠客票的自愿变更。

三、客票变更的处理及收费规定

(一) 自愿变更舱位等级

旅客购票后，如要求改变舱位等级，承运人及其销售代理人应在航班有可利用座位和时间允许的条件下予以积极办理，舱位改变后的票价与原票款存在差额的，多退少补。

(二) 非自愿变更舱位等级

为旅客安排有可利用座位的承运人后续航班，费用的差额多退少不补。

(三) 自愿变更航班、乘机日期

旅客购票后，如要求改变航班、乘机日期，承运人应根据实际情况积极办理。

(四) 非自愿变更航班、乘机日期

征得旅客及有关承运人的同意后，承运人办理签转手续，为旅客安排有可利用座位的承运人或其他承运人的后续航班。

任务二　客票签转

旅客购票后，如要求改变原指定承运人，称为客票签转。客票签转也分自愿签转和非自愿签转两种。

一、自愿签转的一般规定

(1) 旅客自愿要求变更承运人须同时满足以下四个条件：

①旅客使用的票价无签转限制。

②旅客未在航班规定离站时间前72小时内改变过航班、日期。

③旅客应在航班规定离站时间24小时（含）以前提出。

④新承运人与原承运人有票证结算关系，且新承运人的航班有可利用座位。

(2) 对于不符合以上条件但要求改变承运人的旅客，一律按自愿退票

的规定为其办理转签手续。

（3）除另有规定外，特殊票价客票一般不予签转。

（4）承运人有权办理签转手续的部门为承运人办理国内业务的售票部门和运输业务部门、承运人授权签转的代理人的售票部门和运输业务部门。

（5）客票签转后，对原已订妥的续程航段座位，由签转客票承运人负责取消。

二、非自愿签转

（1）在发生非自愿签转时，承运人应征得旅客及新承运人的同意后，方可签转。

（2）征得旅客及新承运人的同意后，承运人办理签转手续，票款存在差额时，多退少不补。

（3）若无其他直达航班可用于变更原客票列明的航程，需安排原承运人或其他承运人的航班将旅客运达目的地点或中途分程地点，票款、逾重行李和其他服务费用存在差额的，多退少不补。

任务三　退票

旅客购票后，由于旅客原因或承运人原因，不能在客票有效期内完成部分或全部航程，而要求退还部分或全部未使用航段票款，称为退票。退票分为自愿退票、非自愿退票和旅客因病退票三种。

旅客要求退票，应在客票有效期内提出退票，退票只能在出票地、航班始发地、终止旅行地的承运人或其销售代理人售票处办理。票款只能退给客票上列明的旅客本人或客票的付款人。各航空公司的客票退票规定各有不同。

一、自愿退票

自愿退票是指由于旅客原因，未能按照运输合同（客票）完成全部或部分航空运输，在客票有效期内要求的退票。

发生旅客自愿退票时，根据旅客购买客票的折扣和舱位不同，各航空公司收取的退票费也不同。旅客购买的经济舱子舱位较高折扣的机票，退票时扣除退票手续费较低；反之，旅客购买的经济舱子舱位较低折扣的机票，退票时扣除的手续费较高。

对于自愿退票，各航空公司的规定不一，一般而言，做如下处理：

（1）旅客在航班规定离站时间 24 小时（含）以前退票，收取客票价 5％的退票费。

（2）在航班规定离站时间前 24 小时以内至 2 小时（含）以前退票，收取客票价 10％的退票费。

（3）在航班规定离站时间前 2 小时以内退票，收取客票价 20％的退票费。

（4）在航班规定离站时间以后退票，收取客票价 50％的误机费。

（5）特殊旅客或特种机票免收退票费，例如，革命伤残军人要求退票免收退票费，按全价 10％付费的婴儿票退票免收退票费，持不定期客票的旅客要求退票免收退票费等。

（6）对于联程、中途分程或来回程客票的退票，按上述规定分别收取各航段的退票费（分段计收）。

（7）旅客在航班经停地自动终止旅行，该航班的客票即告失效，未使用航段的票款不退。

二、非自愿退票

非自愿退票是指航班取消、提前、延误、航程改变或承运人不能提供原订座位时发生的退票。

对于非自愿退票，各航空公司的规定不一，一般而言，做如下处理：

（1）在航班始发站，应退还旅客全部票款。

（2）在航班经停地，应退还未使用航段的全部票款，但所退金额不得超过原付票款金额。

（3）若班机在非规定的航站降落，取消当日飞行，旅客要求退票时，应退还由降落站至旅客到达站的票款，但不得超过原付票款金额，不收取退票费。若旅客所付票价为折扣票价，应按相同折扣率计退票款。

（4）联程旅客由于上述原因在航班经停站或联程站停止旅行时，也应按照相同的折扣率退还未使用航段的票款。

三、旅客因病退票

旅客因病退票指旅客因个人身体原因未能全部或部分完成机票中所列明的航程而引发的退票。

对于旅客因病退票，各航空公司的规定不一，一般而言，做如下处理：

（1）旅客购票后，因病不能旅行要求退票，必须在航班规定离港时间前提出，并提供县级（含）以上医疗单位的证明原件（如诊断书原件、病历和旅客不能乘机的证明）。如旅客因突然发生或在航班经停站临时生病，一时无法取得医疗单位证明，也必须经承运人认可后才能办理。

（2）旅客因病在航班始发站提出退票时，退还全部票款；在航班经停站提出时，退还的票款金额为旅客所付票价减去已使用航段相同折扣率的票价金额，但所退金额不得超过原付票款金额。

（3）旅客同行人员要求的退票，必须与患病旅客同时提出，也按上述规定办理，否则一律按自愿退票处理。

四、退票地点

旅客在出票地自愿退票，应在原购票地点办理退票。

旅客在出票地以外要求退票，可在当地直属售票处或经承运人授权的销售代理人处办理。

非自愿退票原则上在原购票售票处或原购票销售代理人处办理，在特殊情况下可在航班始发地、经停地、终止旅行地的承运人直属售票处或引起非自愿退票事件发生地的承运人授权的代理人处办理。

通过网站购票的旅客，必须在网站上提交退票申请。

知识链接：

东航的退改签规定

舱位	签转	变更航班、日期	退票
F/150%	可签转		起飞前后均按5%收取
C/130%	可签转		起飞前后均按5%收取
Y/100%	可签转		起飞前后均按5%收取
B/90%	不得签转	起飞前同等舱位开放时可免费更改一次	起飞前后均按票价10%收取
H/80%	不得签转	起飞前同等舱位开放时可免费更改一次	起飞前后均按票价10%收取
L/75%	不得签转	起飞前同等舱位开放时可免费更改一次	起飞前后均按票价20%收取
M/70%	不得签转	起飞前同等舱位开放时可免费更改一次	起飞前后均按票价20%收取
N/65%	不得签转	起飞前同等舱位开放时可免费更改一次	起飞前后均按票价20%收取
R/60%	不得签转	起飞前同等舱位开放时可免费更改一次	起飞前后均按票价20%收取
V/50%	不得签转	变更航班或日期收取全价的5%作为更改费。变更费不得低于50元	起飞前后均按票价50%收取
T/45%	不得签转	变更航班或日期收取全价的5%作为更改费。变更费不得低于50元	起飞前后均按票价50%收取
W/40%	不得签转	变更航班或日期收取全价的5%作为更改费。变更费不得低于50元	起飞前后均按票价50%收取
X/35%	不得签转	变更航班或日期收取全价的5%作为更改费。变更费不得低于50元	起飞前后均按票价50%收取
G/30%	不得签转	不得更改	不得退票

资料出处：中国东方航空官方网站《国内客票使用条件》，收入时内容略有修改。

思考与练习：

上机操作：为旅客在航班上订座。

模块三　旅客运输服务

模块导读：

旅客在购票后，需在飞机起飞前一定时间到达机场。由于航空运输的特殊性，旅客在到达机场后并不能直接登机，而是要办理值机手续，更换行李牌、托运行李、通过安检，并在候机厅等待广播通知登机。

项目一　值机工作

学习目标：

1. 掌握值机工作要点。
2. 可熟练办理旅客乘机手续。
3. 掌握托运行李的流程与工作要点。

任务一　值机工作概述

一、值机工作的内容

值机是指为旅客办理乘机手续、接收旅客托运行李等旅客服务工作的总称（如图3-1）。值机是民航旅客地面服务的重要组成部分，是民航运输生产的关键环节。其工作内容包括办理乘机手续、办理行李托运、查验旅客机票和身份证件、回答问讯、特殊旅客保障服务、拍发业务电报等。

图 3-1 值机工作

值机是民航的一种工种，就是指为旅客办理乘机手续。航空运输企业的运输部门在值机柜台为旅客办理乘机手续的主要内容包括：查验客票、安排座位、收运交运行李，以及及时处理旅客运输中的不正常情况。

二、值机工作的意义

值机工作在整个民航旅客运输流程中扮演着重要角色。首先，值机工作人员本身的素质影响旅客对航空公司的认知。其次，值机工作的好坏影响航空运输的快速性。最后，值机工作的好坏影响飞行安全。

（一）值机工作人员本身的素质影响旅客对航空公司的认知

值机工作人员本身的素质如精神面貌、形象仪表、业务水平、服务态度等直接影响航空公司的公众形象和商业信誉，影响旅客对航空公司的认知。调查显示，值机工作人员整洁大方的仪表、热情周到的服务态度会使旅客有如沐春风的感觉，会对航空企业产生良好的第一印象。工作人员丰富的专业知识、娴熟的业务技能往往能增强旅客的信心，使旅客在乘坐这个公司的航班时有安全感。在市场竞争日趋激烈的情况下，航空公司之间的竞争归根结底是服务的竞争，赢得了旅客的心就意味着获取了更多的市场份额。旅客对航空公司的认知和评价影响旅客对航空公司的忠诚度，进而直接影响航空公司的市场竞争能力。

（二）值机工作的好坏影响航空运输的快速性

速度快是航空运输的主要优势之一，航空运输的快速性要靠航班准点起飞、及时中转、按期到达来保证。在竞争激烈的现代民航运输业，航班的正点率日益成为影响旅客对航空公司的认知和航空公司竞争力的重要因素。如果值机环节发生差错，航班的正点率就要受到影响，航空运输的快速性就不能得到保证。例如，值机员在办理乘机手续时，如没有仔细检查旅客的客票，致使有旅客错乘，就可能会导致飞机延误或返航；值机员发错登机牌或漏撕乘机联，也可能会造成航班延误。所以，良好的值机工作是发挥航空运输快速性优势的必要条件之一。

（三）值机工作的好坏影响飞行安全

值机工作的好坏可能会从两个方面影响飞行安全：

一是值机报载的准确性影响配载的准确性，进而影响飞行安全。值机员办理完一个航班的值机工作以后，要向配载部门报载。如果值机员对旅客的人数、行李的件数及重量统计不准确，就有可能造成航班载量不均衡以及航班配载后的重心偏前或偏后，这样会对飞机的起降造成危险，升空以后也影响对飞机的操纵。如果航班超载，后果将不堪设想。

二是对乘机人员、行李把关不严会影响航班安全。值机员是对乘机人员和行李进行检查的第一道关口。在办理乘机手续时，应认真检查旅客的身份证件，防止用假身份的旅客特别是公安部门通缉的犯罪嫌疑人登机。除此之外，还要注意观察旅客的言行举止，防止精神病患者、醉酒旅客登机。对于旅客的托运行李，值机员一方面应注意检查行李的包装是否符合要求，另一方面要配合安检人员对行李内物品进行检查，防止旅客夹带危险品蒙混过关。

三、值机服务柜台的种类

为了提高值机服务的质量和效率，各机场或航空公司可以对自己拥有的值机柜台进行合理分类。分类时需要根据本机场的旅客情况进行分析，目的是保证值机柜台的服务质量和速度，通常值机服务柜台有以下几种。

（一）普通旅客柜台

任何旅客在指定的普通值机柜台都可办理值机手续。

（二）值班主任柜台

负责处理值机服务过程中发生的各种异常情况，并做好各柜台的协调工作。

（三）会员柜台

各航班的 VIP、头等舱旅客、持有本航空公司会员卡（一般为银卡级别以上的会员）的旅客都可在此柜台享受有别于普通旅客的便捷或无缝隙的一条龙服务。

（四）特殊旅客服务柜台

此柜台专为晚到旅客、有特殊需要的旅客（如无成人陪伴儿童、轮椅旅客、担架旅客等）提供方便、快捷、舒适的服务，尽可能满足每一位旅客的特殊需求。晚到旅客应在保证航班正常起飞的情况下办理值机手续。

四、值机服务的时间规定

旅客应当在承运人规定的时限内到达机场，凭本人有效身份证件及有效客票按时办理值机手续。为了保证旅客值机手续的顺利办理及对旅客托运的行李进行快速有效的分拣，同时，保证候机楼隔离区能满足旅客的休息及候机需求，目前我国各大机场开始办理值机手续的时间一般为航班起飞前 2 小时。为了保证旅客的正常登机及航班的正点起飞，一般航班起飞前半个小时即停止办理值机手续，在这半个小时内，民航方面要做大量的工作，稍有延迟，就可能造成航班延误。从停止办理值机手续到起飞前的时间内，工作人员要做的工作包括以下几个方面：

（1）值机、配载人员要清算旅客人数、行李件数，结合货物装运情况计算飞机载重，画出平衡表及飞机重心位置，将做好的舱单交给机组。

（2）在进行上述工作的同时，广播室通知旅客开始登机，服务人员要核对登机牌，清点人数；旅客上机后，乘务人员要再次清点人数，防止漏乘，然后进行飞机起飞前的工作；搬运队将行李、货物、邮件搬入机舱。

（3）飞机关好舱门滑行到跑道起始点，等待机场或空中交通管制人员的放飞指令。

任务二　值机相关内容

一、航班办理值机

在开始办理值机手续之前，值机控制人员要在离港系统中执行对航班建立控制等各项操作，确保柜台值机人员可为旅客正常办理值机手续。

（1）通过离港系统查看航班信息预报，了解当天执飞航班的机型、机号、座位布局、预计起飞时间、航线、经停点和终点站。

（2）查看机场航班信息动态，及时与现场调度部门联系，为即将开始办理值机手续的航班分配登机口，输入执飞航班的飞机编号、登机口等信息。

（3）和配载部门联系，按预订座位旅客人数、货邮行大约重量，按该机型的飞机载重平衡要求，锁定相关座位。

（4）航班起飞前 2 小时打开该航班值机系统，由柜台值机人员为旅客办理值机手续。

（5）值机手续办理过程中，及时和配载、服务、行李各部门做好沟通工作，及时对航班信息进行修改和调整，同时处理各种航班突发事件。

（6）航班起飞前半个小时进行航班初始关闭，结载航班，将已办理手续的人数、行李件数、重量报配载平衡室。

（7）协助服务部门做好未登机旅客的通知工作。

二、旅客办理值机

航班起飞前 2 小时，旅客可以到相应的柜台办理值机手续。值机服务人员要热情、快速地为旅客完成各项值机手续的办理。

（一）检查一般旅客证件

值机人员应热情、周到地服务旅客，询问旅客所乘坐的航班号或航程，查验旅客的有效身份证件。有效身份证件包括：居民身份证、临时身份证、军官证、武警警官证、士兵证、军校学员证、军队文职干部证、军队离退休干部证和军队职工证、港澳居民来往内地通行证、中华人民共和国往来港澳通行证、台湾居民往来大陆通行证、大陆居民往来台湾通行证、外国人居留证、外国人出入境证等。

（二）检查特殊旅客相关手续

特殊旅客一般要在订座时提出申请，如担架旅客要在航班起飞前 72 小时前向航空公司提出申请，经航空公司同意后方可订座。有的旅客虽然在订座时已提出申请，但未完成申请书的填写，这部分旅客可以直接前往机场值机柜台办理相关手续。若旅客为自己的孩子申请无成人陪伴服务，在办理值机手续时，值机人员除了要查看小朋友的有效身份证件，还要查验其申请书，确保航空公司同意之后方可接收，否则不予接收。对于未办理乘机申请的儿童，值机人员应指导其监护人填写申请书并到航空公司确认。

（三）核对旅客信息并安排座位

值机人员在离港系统中提取旅客信息进行核对，根据旅客所持客票的舱位等级，按照旅客要求安排座位，打印登机牌。

座位安排是办理值机手续的一项重要工作，安排好旅客的座位，不仅是提高旅客服务质量、维持好旅客上下飞机秩序的保证，而且能有计划地安排飞机的载重平衡，确保飞行安全。

值机人员在安排座位时，应遵循以下原则：

（1）航班座位不满时，要兼顾机舱各区域对飞机平衡的影响，尽量安排旅客平均分布。

（2）同行旅客、家庭旅客尽量安排在相邻座位上。

（3）病残旅客、孕妇、无成人陪伴儿童等需要特殊照顾的旅客，应尽量安排在靠近服务员、方便入座的座位，但不应安排在紧急出口旁边的座位上。

（4）紧急出口旁边的座位要尽量安排身体健康、懂中英文、遇到紧急情况愿意帮助别人的旅客。

（5）航班座位不满的情况下，应将携带不占座婴儿的旅客安排在相邻座位无人的座位上。

（6）对于需要拆除机上座位放置担架的担架旅客，必须本着避免影响其他旅客的原则，一般应安排在客舱尾部，且不能安排在紧急出口旁边。

（7）犯人旅客应安排在离一般旅客较远、不靠近紧急出口和不靠窗的座位，其押运人员必须安排在犯人旅客旁边的座位上。

（8）因超售而非自愿升舱的旅客，应与高舱位付费旅客分开；非自愿

降舱的旅客应安排在低舱位较舒适的座位上。

（9）重要旅客安排在预留的前排座位，或按旅客要求安排座位。

（四）登机牌与行李牌

登机牌是机场为乘坐航班的旅客提供的登机凭证，旅客必须在提供有效机票和个人身份证件后才能获得，也有人将其称为登机证或登机卡。

常见的登机牌为硬纸卡，大小形状不一，1997年后国内统一使用长方形，约80mm宽、200mm长的登机牌，其正面印有机场、航空公司或民航机构的名称和徽记，以及乘机人姓名、航班号、航班起讫站、座位号、舱位等级、日期与登机时间、登机口等内容，部分登机牌上还注明了该航班是吸烟航班还是禁烟航班（如图3-2）。

图3-2 登机牌

行李牌是旅客识别行李的标志和领取托运行李的凭证，是带有编号、名字、字母等标识的牌子（如图3-3）。

图3-3 行李牌

三、值机工作特殊情况处理

值机工作中会遇到一些特殊情况，需要值机人员根据实际情况灵活处理。

（一）候补接收

如果遇到需要接收候补旅客的情况，必须先确认客票在离港系统的票联状态为"open for use"（有效）。

候补接收时，必须输入旅客的真实姓名，不能用"PAX"或其他符号代替。

旅客误机后，自愿改签后续航班，在没有订妥座位的情况下，值机人员不得擅自候补接收。

（二）旅客晚到情况的处理

航班关闭后，可为晚到旅客改签后续航班。

如旅客提出退票，有条件的机场可直接为旅客取消座位，或让旅客联系销售单位取消座位并申请退票。

如无法执行改签操作，需要特殊处理，要做好记录，并将系统出现的问题的情况向相关部门反映。

（三）逾重行李的处理

如旅客行李逾重，请旅客到收款柜台交付逾重行李运费。

行李逾重的旅客凭"行李提取凭证"到收款处交超重费，再回柜台领取登机牌。值机人员在收取逾重行李票的承运人联后，为旅客打印登机牌。

如果是几个旅客的行李合并计算后逾重，值机员须在行李提取凭证上注明人数。

（四）行李托运特殊情况的处理

如旅客的托运行李重量或体积超过航空公司规定的标准，应请旅客将行李运到航空货运部门，作为货物进行运输。

如旅客行李内有不符合运输规定的物品，应要求旅客将物品取出后方可收运。

如旅客托运的行李属于易碎物品、行李有破损、无锁或锁已失效等，应开具免除责任行李牌，并请旅客在免除责任行李牌上签名，将行李牌拴

挂在旅客的行李上。

小动物在指定柜台办理运输手续。收运小动物时要检查小动物的免疫证明，符合条件，才可以收运。

旅客领取登机牌后，如要求补办行李托运，应核查旅客证件及登机牌，并将行李件数、重量输入离港系统。

如果办理的航班机型是EMB-145，鉴于该飞机的特殊性，一定要严格限制旅客的手提行李的重量，收运的单件行李不能超过32千克，值机员不允许用SNR指令在离港系统申请座位。

（五）旅客无法通过安检情况的处理

如旅客被安检拒绝乘机，值机人员应根据回收的登机牌，将该旅客记录从离港系统中删除。如该旅客有托运行李，应通知值班主任联系装卸部门将行李卸下飞机。

四、值机的种类

（一）传统柜台值机

传统柜台值机是指在旅客候机楼的值机柜台直接办理值机手续。目前，传统柜台值机仍旧是国内机场的主流值机方式。

（二）自助值机

随着电子客票的普及，针对持有电子客票的旅客，许多航空公司在候机楼提供自助值机设备（如图3-4），旅客可使用第二代身份证、护照等证件，自行选择座位，机器可直接将登机牌打印给旅客。

图3-4 自助值机设备

（三）城市值机

城市值机又被称为"异地候机楼"值机，是指民航机场在市区或在没有机场的城市开设异地候机楼（如图3-5），旅客可在此办理登机手续，无需前往机场办理值机。这是机场航空服务及航站楼基本功能向机场周边城市的延伸和拓展，其基本功能包括机场航站楼所具有的安检以外的全部功能。对于所在城市没有机场的旅客而言，在当地办理值机手续，在异地机场乘坐飞机，大大缩短了其在机场航站楼内的停留时间，也减小了机场航站楼的客流压力。

图3-5 珠海机场城市候机楼

（四）酒店值机

针对商务旅客，有航空公司将值机服务迁移到了酒店，当前深航锦江国际酒店可办理酒店值机。

（五）网上自助值机

网上自助值机是指旅客通过登录航空公司网站进入自助值机页面在线办理值机手续的值机方式。旅客可以预选座位并将登机牌打印出来。航空公司对网上自助值机的一般规定为：旅客需在航班起飞前1~12小时登录网站办理。网上无法办理行李托运手续，旅客若有行李托运，必须提前到达机场前往人工柜台办理相关手续。

项目二　安全检查工作

学习目标：

1. 了解安全检查的基本程序和原则。
1. 熟悉安全检查机构及人员要求。
2. 掌握安全检查工作要点。

机场设置安全检查站对航空器及旅客进行安全检查，始于20世纪60年代，原因在于频繁发生的劫持飞机事件已严重影响飞行安全。早在1930年，秘鲁就发生过一起劫机事件。1947年，保加利亚也发生过一起劫机事件。而频繁发生劫机事件，是在1960年前后。据不完全统计，到1957年全世界共发生劫机事件38起，1960—1970年正是恐怖活动在国际上兴起的年代。一些恐怖组织相继成立，并为了政治原因屡次劫机。仅1968年、1969年两年，全世界就发生122起劫机事件，1968—1972年共发生329起。这些事件的发生严重威胁了飞行安全。在这种情况下，国际民航组织相继制定并通过了《东京公约》《海牙公约》和《蒙特利尔公约》，从此建立了机场安全检查制度。我国在1980年以前一直没有采取安全检查措施，仅仅通过以单位开具介绍信作为登机、购买机票的证据来维护飞行安全。直到1980年，一些与我国有国家航线通航的国家提出要求后，中国才签署了《东京公约》，开始对旅客和行李进行安全检查。

任务一　安全检查工作的基本程序和原则

为提高安全检查工作的质量和效率，所有安检人员必须熟悉安全检查工作的基本程序和原则。

一、安全检查工作的基本程序

值班领导在安全检查开始前应了解航班动态、传达上级有关指示和通知，提出本班要求及注意事项。

在进行安全检查时，安检人员应组织旅客按秩序排好队、准备好证件，首先查验旅客的有效身份证件和登机牌，检查无误后再请旅客通过安全门，对有疑点者要进行手工检查。手提行李物品、托运行李和货物快件、邮件应通过X射线安全技术检查仪进行检查，发现可疑物品要开箱（包）检查，必要时可以随时抽查。在无仪器设备或仪器设备发生故障时，应当进行手工检查。

安检人员应当对进入候机隔离区等候登机的旅客实施监管，防止其与未经安全检查的人员混合或接触。安全检查部门应派人员在候机隔离区内巡视，对重点部位加强监控。

安检各勤务单位必须认真记录当天工作情况及仪器使用情况，并做好交接班工作。

二、安全检查工作的原则

（一）安全第一，严格检查

确保安全是安全检查的宗旨和根本目的，而严格检查则是实现这个目的的手段和对安检人员的要求。所谓严格检查，就是严密地组织勤务，执行各项规定，落实各项措施，本着对国家和旅客高度负责的精神，牢牢把好安全技术检查、飞机监护等关口，切实做到证件不符不放过、X射线机图像判断不清不放过、开箱（包）检查不彻底不放过，以确保飞机和旅客的安全。

（二）坚持制度，区别对待

国家的法律、法规以及有关安全检查的各项规章制度和规定，是指导安全检查工作的实施和处理各类问题的依据，必须认真贯彻执行，绝不能有法不依、有章不循。同时，还应根据特殊情况和不同对象，在不违背原则和确保安全的前提下，灵活处置各类问题。通常情况下，对各类旅客实施检查时，既要一视同仁，又要主次区别，明确重点，有所侧重。

（三）内紧外松，机智灵活

内紧是指安检人员要有敌情观念，要有高度的警惕性和责任心，以及

严密的检查程序，要有处置突发事件的应急措施等，使犯罪分子无空可钻。外松是指检查时要做到态度自然、沉着冷静、语言文明、方式讲究、步骤有序。机智灵活是指面对错综复杂的情况，安检人员要有敏锐的观察能力和准确的判断能力，善于分析问题，从受检人员的言谈举止、行装打扮和神态表情中，发现蛛丝马迹，不漏掉任何可疑人员和物品。

（四）文明执勤，热情服务

机场是地区和国家的窗口，安全检查是机场管理和服务工作的一部分。安检人员要树立全心全意为旅客服务的思想，要做到检查规范、文明礼貌。要着装整洁、仪表端庄、举止大方、说话和气，"请"字开头，"谢"字结尾，要尊重不同地区不同民族民众的习惯，同时要在确保安全、不影响正常工作的前提条件下，尽量为旅客排忧解难。对伤、病、残旅客予以优先照顾，不能伤害旅客的自尊心，要为孕妇、幼童、老年旅客尽量提供方便，给予照顾。

任务二 证件检查

证件检查（如图3-6）是对旅客进行安全检查的第一道工序。证件检查员不仅要检查乘机旅客的证件，还要检查包括机场工作人员在内的所有需要通过安检通道进入候机隔离区人员的证件，只有证件符合规定的人员才能予以放行。

图3-6 证件检查

在安检通道入口处，所有需要通过安检通道进入候机隔离区的人员需列队等候，有秩序地通过安检通道。在入口处设有待检区，维序检查员和前传检查员负责维持待检区秩序，通知旅客准备好有效的身份证件和登机牌，组织旅客有序进入证件检查台。

证件检查员负责对旅客的有效身份证件、登机牌进行核查，防止旅客或其他人员利用涂改、伪造、冒名顶替以及其他无效证件通过安检通道进入候机隔离区，同时还要协助执法部门发现和查控在控人员。

一、证件检查的程序

（1）人、证对照：证件检查员接证件时，要注意观察持证人的五官特征，再看证件上的照片与持证人五官是否相符。

（2）"四核对"：一是核对证件上的姓名与机票上的姓名是否一致；二是核对机票是否有效，有无涂改痕迹；三是核对登机牌所注航班是否与机票一致；四是查看证件是否有效，同时查对持证人是否为查控对象。使用电子客票的旅客，只需核对其证件与登机牌。

（3）检查无误后，按规定在登机牌上加盖验讫章放行。

二、证件检查的方法

证件检查时应采取检查、观察和询问相结合的方法，具体为"一看、二对、三问"。

（1）看：就是对证件进行检查，要注意甄别证件的真伪，看有无变造、伪造等疑点。还要注意查验证件是否过期失效。

（2）对：就是观察辨别持证人与证件照片的性别、年龄、相貌特征是否吻合，有无疑点。

（3）问：就是对有疑点的证件，通过简单询问持证人的姓名、年龄、出生日期、生肖、单位、住址等，进一步加以核实。

对拒绝接受安全检查的人员，不准其登机或进入候机隔离区，并由其自行承担所造成的损失。对持居民身份证复印件、伪造或变造证件、冒用他人证件者不予放行登机。对核查无误的旅客，应在其登机牌上加盖验讫章。

三、证件检查的注意事项

（1）检查中要注意看证件上的有关项目是否有涂改的痕迹。

（2）检查中要注意冒名顶替的情况，注意观察持证人外貌特征是否与证件上的照片相符。发现有可疑情况时，应对持证人进行仔细查问。

（3）检查证件时要注意方法，做到自然大方、态度和蔼、语言得体，以免引起旅客反感。

（4）注意观察旅客穿戴有无异常，如墨镜、围巾、口罩、帽子等有伪装嫌疑的衣饰，应让其摘下，以便准确核对。

（5）应集中精力，防止漏检证件或漏盖验讫章。

（6）验证中要注意观察是否为通缉、查控对象。

（7）验证中发现疑点时，要慎重处理，并及时报告。

（8）根据机场流量、工作标准以及验证、前传、引导、人身检查岗位的进度和要求适时验放旅客。

任务三　人身检查

人身检查（如图3-7）是指采用公开的仪器检查和手工检查相结合的方式，对旅客人身进行的安全检查。其目的是发现旅客身上藏匿的危险品、违禁品，保障民用航空器及其所载人员的安全。

对旅客进行人身检查有两种方法：仪器检查（安全门检查）和手工人身检查。现场工作通常采用仪器与手工相结合的检查方法。其中仪器检查是让旅客通过安全门或接受手持金属探测器检查，以确认是否有危险品、违禁品及限制物品。

图3-7　人身检查

一、安全门检查

民航现在使用的安全门为通过式金属探测门，它利用设备发出的一串脉冲信号产生一个时变磁场，该磁场对探测区中的导体产生涡电流，涡电流产生的次极磁场在接受线圈中产生电压，并通过处理电路辨别是否报警。安全门发射的磁场强度很低，对心脏起搏器佩戴者、体弱者、孕妇、磁媒体介质和其他电子装置无害。

图 3-8 安全门检查

通过式金属探测门装有视觉和声音两种警报，可根据实际情况选择报警方式。安全门应调节到适当的灵敏度，但不能低于最低安全设置要求。如果安全门的灵敏度下降，就应适当调高其灵敏度。

除政府规定的免检者，所有旅客都必须通过安全门检查（如图 3-8）。旅客通过安全门之前，安全门前的引导员应首先让其取出身上的金属物品，然后引导旅客逐个通过安全门（要注意掌握旅客流量）。安全门如未报警，旅客可以直接通过安全门进入候机隔离区，如果发生报警，应使用手持金属探测器或手工人身检查的方法进行复检，待疑点彻底排除后才能放行。

旅客放入托盘中的物品和旅客的随身携带物品都无需经过安全门，但应通过 X 射线机对其进行检查，如不便进行 X 射线机检查的物品，要注意采用摸、掂、试等方法检查其中是否藏匿了违禁品。

二、手工人身检查

手工人身检查（如图3-9）的方法是手工检查员面对旅客，先从旅客的前衣领开始检查，至双肩、前胸、腰部止；再请旅客转身，按从后衣领起，至双臂外侧、内侧、腋下、背部、后腰部、裆部、双腿内侧、外侧和脚的顺序进行检查。冬季着装较多时，可请旅客解开外衣，对外衣也必须进行认真的检查。

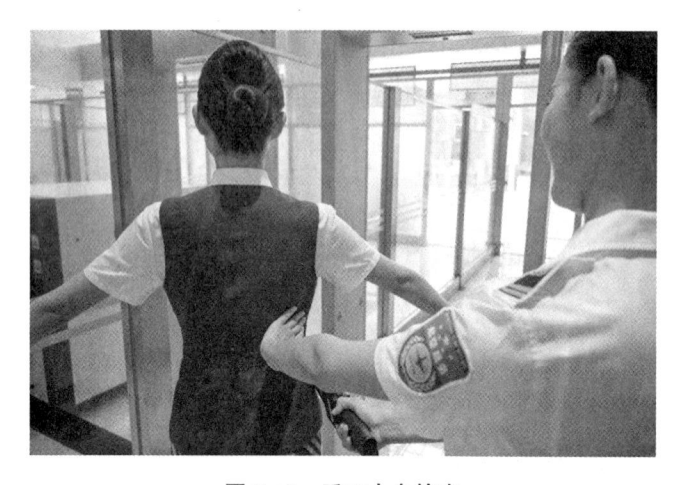

图3-9 手工人身检查

手工人身检查的具体的方法步骤如下：

（1）手检员面对或侧对安全门站立，注意观察安全门报警情况及其动态，确定重点手检对象。

（2）当旅客通过安全门报警或有可疑之处时，手检员请旅客到安全门一侧接受检查。检查时，探测器所到之处，手检员应用另外一只手配合摸、按、捏等动作。

（3）手检过程中，应注意对头部、手腕、肩胛、胸部、臀部、腋下、裆部、腰部、腹部、脚部、衣领、领带、鞋、腰带等部位进行重点检查。为避免遗漏检查部位，手持金属探测器检查一般按照以下顺序进行：

前衣领—右肩—右大臂外侧—右手—右大臂内侧—腋下—右上身外侧—右前胸—腰、腹部—左肩—左大臂外侧—左手—左大臂内侧—腋下—左上身外侧—左前胸—腰、腹部。

从右膝部内侧—裆部—左膝部内侧。

头部—后衣领—背部—后腰部—臀部—左大腿外侧—左小腿外侧—左脚—左小腿内侧—右小腿内侧—右脚—右小腿外侧—右大腿外侧。

三、检查的重点对象

（1）精神恐慌、言行可疑、伪装镇静者。

（2）冒充熟人、假献殷勤、接受检查时过于热情者。

（3）表现不耐烦、催促检查或言行蛮横、不愿接受检查者。

（4）窥视检查现场、探听安全检查情况等行为异常者。

（5）航班已开始登机，匆忙赶到安检现场者。

（6）公安部门、安全检查站掌握的嫌疑人和群众提供的有可疑言行的旅客。

（7）来自上级或有关部门通报的恐怖活动频繁的国家和地区的人员。

（8）着装与其身份不相符或不合时令者。

（9）男性中、青壮年旅客。

任务四　开箱（包）检查

对旅客所携带行李中的箱（包），如果有必要，可由开箱（包）检查员实施开箱（包）检查（如图 3-10）。

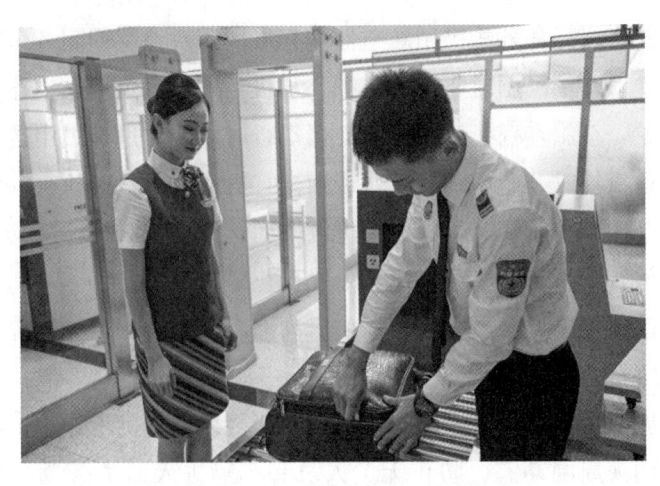

图 3-10　开箱（包）检查

开箱（包）检查员站立在 X 射线机行李传送带出口处疏导箱包，避

免过检箱包被挤压。

当有箱（包）需要开检时，开机员给开箱（包）检查员以语言提示，在物主到达前，开箱（包）检查员扣留需开检的箱（包），物主到达后，开箱（包）检查员请物主自行打开箱（包），对箱（包）实施检查。在怀疑在箱（包）内有枪支、爆炸物等危险品的特殊情况下，需由开箱（包）检查员控制箱（包），并做到旅客人、物分离。

开箱（包）检查时，开启的箱（包）应侧对物主，使其能看见自己的物品。开箱（包）检查员根据开机员的提示对箱（包）进行有针对性的检查，已查和未查的物品要分开，放置要整齐有序。检查箱（包）的外层时应注意检查其外部小口袋及有拉锁的外夹层，检查箱（包）的内层和夹层时应注意用手沿包的各个侧面上下摸查，将所有的夹层、底层和内层小口袋完整、认真地检查一遍。

检查过程中，开箱（包）检查员应根据物品种类采取相应的方法（看、听、摸、拆、掂、捏、嗅、探、摇、烧、敲、开等）。

任务五　航空器安全检查

安检部门应当派监护人员在候机隔离区内巡视，对重点部位加强监控。

执行航班飞行任务的民用航空器在客机坪短暂停留期间，由安检部门负责监护。对出港民用航空器的监护，从机务人员将民用航空器移交监护人员时开始，至旅客登机后民用航空器滑行时止；对过港民用航空器的监护从其到达机坪时开始，到滑离（或拖离）机坪时止；对执行国际、地区及特殊管理的国内航线飞行任务的进港民用航空器的监护，从其到达机坪时开始至旅客下机完毕机务人员开始工作止。

民用航空器监护人员应当根据航班动态，按时进入监护岗位，做好监护民用航空器的准备工作。

民用航空器监护人员应当坚守岗位，严格检查登机工作人员的通行证件，密切注视周围动态，防止无关人员和车辆进入监护区。在旅客登机时，协助维持秩序，防止未经过安全检查的人员或物品进入航空器。

空勤人员登机时，民用航空器监护人员应当查验其《中国民航空勤登机证》。加入机组执行任务的非空勤人员，应当持有《中国民航公务乘机通行证》和本人工作证（或学员证）。对上述人员携带的物品，应当查验其是否经过安全检查；未经过安全检查的，不得带上民用航空器。

在出、过港民用航空器关闭舱门准备滑行时，监护人员应当退至安全线以外，待记载飞机号和起飞时间后，方可撤离现场。

民用航空器监护人员接受和移交航空器监护任务时，应当与机务人员办理交接手续，填写记录，双方签字。

民用航空器客、货舱装载前的清舱工作由航空器经营人负责。必要时，经民航公安机关或安检部门批准，公安民警、安检人员可以进行清舱。

知识链接：

9·11事件

"9·11事件"（又称"911""9·11恐怖袭击事件"），是2001年9月11日发生在美国的一起系列恐怖袭击事件。

2001年9月11日上午，两架被恐怖分子劫持的民航客机分别撞向美国纽约世界贸易中心一号楼和世界贸易中心二号楼，两座建筑在遭到攻击后相继倒塌，世界贸易中心其余5座建筑物也受震而坍塌损毁；9时许，另一架被劫持的客机撞向位于华盛顿的美国国防部五角大楼，五角大楼局部结构损坏并坍塌（如图3—11）。

事件发生后，全美各地的军队均进入最高戒备状态。虽然塔利班发表声明称恐怖事件与本·拉登无关，但美国政府仍然认定本·拉登是此次恐怖袭击事件头号嫌犯。作为对这次袭击的回应，美国发动了"反恐战争"，进入阿富汗以消灭藏匿基地组织恐怖分子的塔利班，并通过了《美国爱国者法案》。2001年10月7日，美国总统乔治·沃克·布什宣布开始对阿富汗发动军事进攻。

"9·11"事件是发生在美国本土的最为严重的恐怖攻击行动，遇难者总数高达2996人。对于此次事件的财产损失各方统计不一，联合国发表报告称此次恐怖袭击对美造成的经济损失达2000亿美元，相当于当年全美生产总值的2%。此次事件对全球经济所造成的损害甚至达到1万亿美

元左右。

此次事件对美国民众造成的心理影响极为深远，美国民众对经济及政治的安全感均被严重削弱。

资料出处：360百科，链接网址：https://baike.so.com/doc/5363763-5599349.html,收入时有修改。

图3-11　9·11事件现场

思考：

1. 简述证件检查的基本程序。
2. 开箱（包）检查的要求有哪些，应该注意什么？

项目三　导乘、接机与送机服务

学习目标：

1. 熟悉导乘工作。
2. 掌握接机与送机的工作流程及要点。

任务一　导乘

顾名思义，导乘就是指引导旅客乘机（如图3-12）。除此之外，在一些特殊的状况下，如发生延误时，导乘人员需要协助值机人员和客运人员通知旅客并进行相关的服务工作，协助客运员为特殊旅客服务。导乘人员的工作具有随机性和主动性，要观察是否有需要帮助的旅客，并主动为旅客提供相关的服务。

图3-12　导乘

一、导乘的工作内容

（一）问询工作

机场在离港（出发）大厅会设有多个问询柜台，设有固定的工作人员，为旅客解决乘机的相关问题，也会放置相关服务资料供旅客取用。现在很多大型机场的入港大厅也会设置问询柜台，并提供城市交通或者旅游酒店的相关资料，方便旅客的出行。

（二）引导旅客办理相关乘机手续

导乘人员要穿着航空公司或者机场的制服，或者佩戴相关的可识别的身份标识，不清楚乘机相关流程的旅客或者遇到困难的旅客可向他们询问办理乘机手续的相关流程，包括售票、办理登机牌、行李打包、托运行李、购买相关物品等。

(三) 帮助旅客使用新的设备

现代机场发展速度很快，若机场进行了装修，或者引进了新的设备，导致旅客不清楚相关变化或者不会使用相关设备，航空公司和机场就应专门安排导乘人员给予旅客协助。例如，之前的机场都是人工值机，当机场新增加了自助值机设备，很多旅客不会使用时，就应该有导乘人员站在自助值机设备前协助旅客操作。

(四) 隔离区的引导服务

旅客通过安检后进入机场隔离区候机。此时导乘人员的工作主要是协助旅客寻找登机口。如果旅客需要机场提供的其他服务，如购物、餐饮、洗手间、热水、母婴服务等，导乘人员可引导其到相关的地点；此区域的导乘人员要引导头等舱旅客到头等舱休息室休息。

(五) 带领特殊服务旅客

行动不便的老人和轮椅旅客不能携带自己的轮椅上机，因此机场会提供轮椅服务，出发时从值机柜台到登机口、到达时从登机口到接机大厅都有导乘人员提供轮椅服务。无成人陪伴儿童需要全程的陪伴和照顾，导乘人员需要在值机柜台接送无成人陪伴儿童到登机口，下机时将其送到接机大厅与监护人交接。

(六) 经停、中转和联程引导服务

在旅客下机时导乘人员需要协助登机口服务人员对旅客进行分流。如果是经停，导乘人员应引导需要继续乘机的旅客在候机厅休息等候，下一航段登机时，应安排经停旅客优先登机。如果是中转联程，旅客在下机时，导乘人员需要引导旅客去中转柜台办理相关手续。

(七) 到达引导服务

到达引导服务人员应引导旅客提取行李，出机场。

(八) 帮助遇到困难的旅客

1. 丢失身份证的旅客

如果旅客在到机场途中或者在机场内发现身份证丢失，旅客可持相关证明（包括户口簿、丢失证明等）到机场派出所或者民警值班室申请办理临时身份证明。

2. 丢失登机牌的旅客

如果旅客在办理登机牌后不慎将其遗失，导乘人员应协助乘客进行寻找；如果登机牌确实丢失，导乘人员可带领旅客到特殊服务柜台或者主任柜台重新办理登机牌。

3. 行李丢失或者行李破损的旅客

当旅客的行李丢失或者破损时，导乘人员应引导旅客到行李查询柜台进行查询。

4. 与同伴走失的旅客

当旅客与同伴走失时，导乘人员应通知广播室进行广播，协助旅客进行寻找。

二、导乘的工作要求

导乘和其他地面服务工作的不同之处在于，其他地面服务工作有具体的工作流程或固定的操作程序，而导乘工作要主动去发现需要帮助的旅客，主动为旅客提供服务，其遇到的问题也是多样的，要求工作人员具有主动性和灵活性。对导乘人员的工作有如下要求：

（1）熟悉机场的布局和设备，熟悉地面服务各个岗位的工作职责和内容，熟悉客货运输条件和航空公司的运输规则，熟悉机场安全运营规则，熟悉安检要求，熟悉相关的法律法规，熟悉城市交通和旅游等相关信息，具备一定的服务心理学和急救知识等。

（2）对于寻求帮助的旅客，必须提供有针对性的服务，帮助其解决问题，不能解决的话可以寻求其他部门帮助，不能用"不知道""不清楚"等搪塞旅客。

（3）对于值机或者登机口服务人员提出的帮助和请求要积极地予以回应。

（4）为旅客服务时应注意礼仪姿势和礼貌用语。

任务二　接机与送机

登机口工作人员最主要的工作是为旅客提供接机和送机的相关服务。接机和送机一般是同时进行的，工作人员先接机，然后在进行客舱清洁和飞机准备后安排旅客上机，送航班离开。也有可能分开进行，航班入港后

没有后续航行任务时，只需提供接机服务。该次航班之前没有飞行任务则只需提供送机服务。其工作历程如下。

一、准备工作

了解航班信息、出入港时间、旅客人数、有无特殊旅客、停机位等，准备对讲机、行李牌、相关指示牌等，如果有航班不正常情况，应准备好通知牌。

二、到达登机口

如果需要接机，接廊桥机位的飞机要在航班到达前 10～15 分钟到达登机口，远机位的飞机则在航班到达前 15～20 分钟到达登机口。应摆放好相关物品，打开计算机，进入系统，输入航空号提取旅客信息。如果有特殊旅客，应安排人员接送特殊旅客。

三、迎接飞机

廊桥接机时，工作人员待廊桥停稳后在舱门旁等候。远机位接机时，乘坐摆渡车接机，要注意客梯车是否停好、客梯是否对准机舱门等，如有不适合，及时通知驾驶员调整，在客梯处迎接旅客。

四、拿取舱单

从机舱内拿取舱单，了解航班载重信息和旅客信息。

五、安排旅客下机

注意旅客的下机安全，组织旅客有序前往到达大厅。如果是远机位飞机，则安排旅客有序走下客梯，前往摆渡车，旅客进入摆渡车后提醒旅客站稳，检查车门是否关好，和旅客一起乘坐摆渡车前往到达大厅。指引旅客前往行李提取处提取行李。

六、等待航班准备

在登机口安排乘机旅客有序候机，了解航班上的准备情况和飞机的配载情况。随时和配载室联系，拿取即将执行飞行任务的航班的舱单。

七、通知登机

在拿取舱单和询问机长航班准备工作就绪后，通知广播室广播登机。

八、登机

优先安排头等舱旅客和特殊旅客登机，然后再安排其他旅客有序登机。旅客登机时工作人员通过扫描仪扫描登机牌信息，撕下登机牌副联。

九、通知未登机旅客

在计算机系统中找出未登机旅客，通过广播多次通知未登机旅客。

十、增减人数和行李数

如果有旅客在通知后仍旧没有登机，需要在舱单上修改旅客的人数和重量。如果未到旅客有托运行李，则通知行李室找出其托运行李，并在舱单上减去行李重量。将数据报告配载室。

十一、核对人数

检查计算机中的旅客信息，核对登机人数和撕下的副联数是否一致，一致的话报告乘务长，核对登机人数与乘务员计算出的人数是否一致，如果不一致则重新进行核查。

十二、送机

待核对正常后，乘务长通知机长，登机口服务人员报告配载室，经同意后将舱单送上飞机，舱门关闭后，登机口服务人员工作结束。

十三、记录

记录航班信息。保存好副联，将到站航班的舱单送到配载室。

模块四　特殊运输服务

模块导读：

当年迈体弱的旅客要求乘机，当行动不便的旅客需要配备登机轮椅，当盲人旅客需要携带导盲犬登机，民航服务人员应该如何办理旅客的乘机手续？

当旅客路遇拥堵而错过了飞机，或因注意力不集中漏乘了飞机，或因航班取消无法成行，又该如何安排？

本章的内容就是对上述这几个问题的解答。

项目一　特殊旅客运输服务

学习目标：

1. 掌握重要旅客的界定及接待。
2. 熟记航空公司对特殊旅客的基本规定。
3. 掌握各种特殊旅客的运输条件。

特殊旅客是指需要给予特殊礼遇和照顾的旅客，他们或由于身体或精神状况需给予特殊照料，或在特定条件下才能承运。特殊旅客分为重要旅客、无成人陪伴儿童、孕妇、老年旅客、盲人/聋哑旅客、病残旅客、轮椅旅客、担架旅客、遣返旅客、醉酒旅客、犯人旅客等几种，航空公司对不同类型的特殊旅客有不同的运输规定。

任务一　重要旅客运输服务

一、重要旅客的分类

（一）非常重要旅客

非常重要旅客（Very Very Important Person，VVIP）包括中共中央总书记，中央政治局常委、委员、候补委员，国家主席、副主席，全国人民代表大会常务委员会委员长、副委员长，国务院总理、副总理、国务委员，全国政协主席、副主席，中央军委主席、副主席，最高人民检察院检察长，最高人民法院院长，外国国家元首、政府首脑、议会议长及副议长、联合国秘书长、国家指定保密要客。

（二）重要旅客

重要旅客（Very Important Person，VIP）包括省部级（含副职）党政负责人、在职军级少将（含）以上军队领导，国家武警、公安、消防部队主要领导，香港、澳门特别行政区政府首席执行领导，外国政府部长（含副职）、国际组织（包括联合国、国际民航组织）的领导、外国大使和公使级外交使节，由省部级（含）以上单位或我国驻外使领馆提出要求按VIP标准接待的客人，著名科学家、中国科学院院士、社会活动家、社会上具有重要影响的人士。

（三）工商界重要旅客

工商界重要旅客（Commercial Important Person，CIP）包括工商界、经济和金融界等重要、有影响的人士，重要的旅游业领导人，国际空运企业组织、重要的空运企业负责人等。

二、重要旅客的服务规定

（一）重要旅客的订座和售票

售票部门在接受重要旅客订座时，应要求经办人详细填写"旅客订座单"，并问清其职务、级别和所需提供的特殊服务。在征求旅客本人或其公司和接待单位的意见后，如愿意向航空公司和其他有关承运人公开身份

的，应在计算机订座系统中注明该重要旅客的身份、职务和特殊服务要求。

民航座位控制部门对重要旅客的订座要求，应优先予以保证；重要旅客需预定联程、回程座位及其他服务时，要及时向联、回程站或有关承运人订座。

有重要旅客乘坐的航班，严禁犯罪嫌疑人、精神病患者同机乘坐。各部门要严格把关，并通知货运部门，严禁在该航班上装载危险物品。

重要旅客乘坐其他承运人的航班，其订座手续和要求的特殊服务，应按有关承运人的规定办理。

注意保密工作，对需要保密的重要旅客乘机动态，应尽量缩小知密范围。

（二）重要旅客的信息传递

（1）重要旅客购票后，售票单位应及时（最迟在航班飞行前一天下午4时）将重要旅客的姓名、职务、级别、随员人数、乘坐航班、日期、到达站、特殊服务等情况通知始发站、中途站和到达站及重要旅客乘坐飞机所属公司的要客服务部门（部门代号为VP）。

（2）始发站的要客服务部门应在重要旅客乘坐航班飞行前一天编制次日航班的重要旅客名单表，并于航班起飞前一日将其分别送往管理局、公司、机场或省局、航站、分公司的领导和各有关要客服务部门。临时收到的要客信息要及时补充。

（3）始发站的值机部门在航班起飞后，应立即拍发要客VIP电报，通知有关中途站和到达站的要客服务部门，要客服务部门再通知驻机场各有关单位领导和各有关业务部门。要客电报内容包括航班、日期、飞机号码、要客姓名、职务、人数、行李件数和舱位等内容。

（4）航班延误时，始发站商务调度部门应及时将航班延误情况发电告知有关各经停站和到达站的要客服务部门，要客服务部门应及时报告有关领导、部门和接待单位。

任务二　老弱旅客运输服务

一、婴儿

开始旅行之日已满14天但未满2周岁的婴儿按同一航班成人普通票价的10%付费，不提供座位。每名成人旅客最多只能携带两名婴儿旅客，携带婴儿旅客超过一名时，另一名婴儿须按儿童票价购票，提供座位。

二、无成人陪伴儿童

无成人陪伴儿童一般是指已满5周岁而未满12周岁的单独乘机的儿童。5周岁以下的无成人陪伴儿童不予承运。儿童与成人一起旅行，其所乘坐的飞机物理舱位与成人的不同时，也视其为无成人陪伴儿童。

图4-1　无成人陪伴儿童运输

无成人陪伴儿童由儿童的监护人或监护人的授权委托人前往航空公司直属售票处、拨打航空公司客服热线或访问航空公司官网（或手机App）提出无成人陪伴儿童运输申请，填写《无成人陪伴儿童乘机申请书》，并提供始发站和目的站送接人员的姓名、地址和联系电话。航空公司将根据航班起飞日期确认申请，并与申请人联系。

值得注意的是，旅客在填写《无成人陪伴儿童乘机申请书》后，航空公司即可收到申请，但不表示该服务已经申请成功。例如，申请的航班可能会因无成人陪伴儿童数量限额已满而不能满足该旅客的需求，此时航空

公司会联系旅客，为其提供其他航班或日期选择。也就是说，旅客的申请是否成功以航空公司的最终回复为准。

乘坐国内航班的旅客应最晚在航班计划离港时间前 48 小时提交申请。乘坐国际（地区）航班的旅客最晚在航班计划离港时间前 96 小时提交申请。

为无成人陪伴儿童办完乘机手续后，其送站人应停留在机场，直至航班起飞。到达目的地后，服务人员按《无成人陪伴儿童乘机申请书》内容查验儿童接机人证件，交接无成人陪伴儿童，请接机人员在《无成人陪伴儿童乘机申请书》上签字。

无成人陪伴儿童座位安排原则如下：

（1）安排在便于指定的随机服务员或乘务员照料的适当位置。
（2）靠近机上厨房，最好是过道的座位。
（3）若有可能，将其与其他旅客分开。
（4）若座位满座，应尽量安排与女旅客邻座的座位。
（5）不得安排在紧急出口的座位。

三、孕妇

飞机是在高空飞行，高空空气中氧气含量相对较少，气压较低（如在 10000 米高空气压只有海平面大气压力的 23% 左右），尽管客机采用了增压座舱，但压力也只有海平面大气压力的 65% 左右。因此，航空公司对孕妇乘机有一定限制，只有符合运输规定条件的孕妇，航空公司才能接受其乘机。

图 4—2　孕妇运输

孕妇乘机的条件如下：

（1）怀孕不足 8 个月（32 周）的健康孕妇，可将其视为一般旅客提供运输服务。

（2）怀孕不足 8 个月但医生诊断不宜乘机者，承运人不予承运。

（3）怀孕超过 8 个月不足 9 个月的健康孕妇，如有特殊情况需要乘机，应交验在乘机前 72 小时内由医生签字、医疗单位盖章的《诊断证明书》一式两份，内容包括旅客姓名、年龄、怀孕孕期（如果超过 36 周的孕妇进行的是短途旅行，还需注明预产期）、航程和日期、适于乘机以及在机上需要提供特殊照料的事项，经承运人同意后，方可购票乘机。

（4）怀孕不足 8 个月（32 周）但有先兆性流产、早产征兆的孕妇，以及怀孕超过 9 个月的孕妇，承运人不予承运。

四、老年旅客

老年旅客是指年龄在 70 岁以上（含 70 岁），虽然身体未患病，但因年迈体弱，在航空旅行中需要他人帮助的旅客。

年龄超过 70 岁，身体虚弱，需要轮椅代步的老年旅客，应视同病残旅客给予适当的照料。

老年旅客的乘机条件如下：

（1）老年旅客要求乘机旅行时，必须填写《特殊旅客（老年）乘机申请书》和《特殊旅客运输记录单》，以表明如旅客在旅途中患病、死亡或给其他人造成伤害时，由申请人承担全部责任。

（2）《特殊旅客（老年）乘机申请书》应由旅客本人签字，如本人书写有困难，也可由其家属或其监护人代签。

（3）老年旅客如在乘机过程中有特殊要求，如需在飞机上输液等，要在《特殊旅客（老年）乘机申请书》和《特殊旅客运输记录单》上注明。

（4）如需乘机的老年旅客身体患病，必须出具县市级以上医疗单位的《诊断证明书》后方可承运。

图 4-3　老年旅客运输

任务三　病残旅客和其他旅客运输服务

一、担架旅客

在旅行过程中，由于病（伤）情危重，不能自主上下飞机，以及在客舱内不能使用座椅而须使用担架的旅客，可以向航空公司提出担架服务申请。

承运人可以根据机型、航线等因素对每个航班、每个航段承运担架旅客的人数等做出不同的规定，因此担架旅客必须在订座时提出申请，经承运人批准后方可出票。

要求乘机的担架旅客，需填写《特殊旅客（担架）乘机申请书》，并由旅客本人签字，如本人书写有困难，也可由其家属或其监护人代签，以表明如旅客在旅途中病情加重、死亡或给其他人造成伤害时，由申请人承担全部责任。接受订座的部门应将有关特殊服务项目通知值机部门。

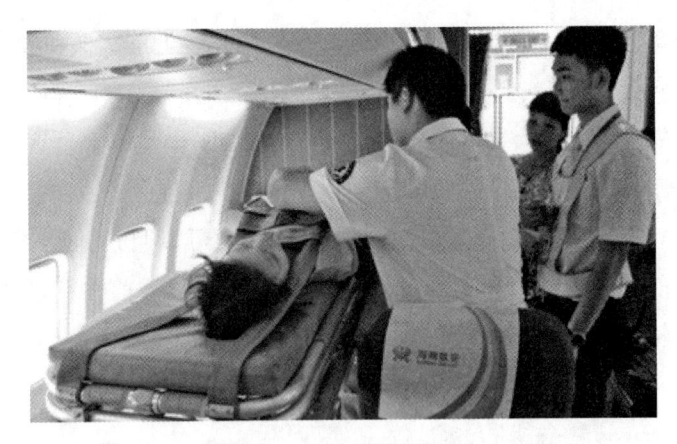

图 4-4 担架旅客运输

担架旅客承运条件如下：

（1）同一航班上无其他担架旅客。

（2）小型支线机型的航班拒运担架旅客。

（3）担架旅客购票申请时，必须出具县级以上医院签发的适于乘机的《诊断证明书》；担架旅客本人或其家属必须填写《特殊旅客（担架）乘机申请书》，表明在飞行中出现的自身意外由旅客本人负责，承运人不承担责任。

（4）担架旅客要由一名医生或护士陪同，如果医生同意，可以让其他人陪同，但休克的旅客不可以承运（陪同者是指在紧急情况下可以全力帮助他所陪同的担架旅客的人）。

（5）一般情况下航空公司不同意拆卸座椅，在登机过程中应能够做到人与担架分离，病人可背或可抱上下飞机。

（6）担架旅客若有其他特殊保障需要，只能在出票时提出。若需要拆卸座椅，必须经承运人同意。

（7）原则上担架旅客不能办理联程航班业务。

二、轮椅旅客

轮椅旅客是指在乘机过程中不能自行行动，需要使用轮椅帮助其从候机室到达或者离开飞机、上下客梯和到达或者离开客舱座位的旅客。轮椅旅客分为以下三类：

（1）WCHC，此类旅客尽管能在座位上就座，但不能自行走动，并

且前往或离开飞机或移动式休息室时需要轮椅,在上下客梯和进出客舱座位时需要背扶。

(2) WCHS,此类旅客可以自己进出客舱座位,但上下客梯时需要背扶,远距离前往或离开飞机或移动休息室时需要轮椅。

(3) WCHR,此类旅客可以上下客梯,也可以自己进出客舱座位,但远距离前往或离开飞机时,如穿越停机坪、站台或前往移动式休息室时,需要轮椅。

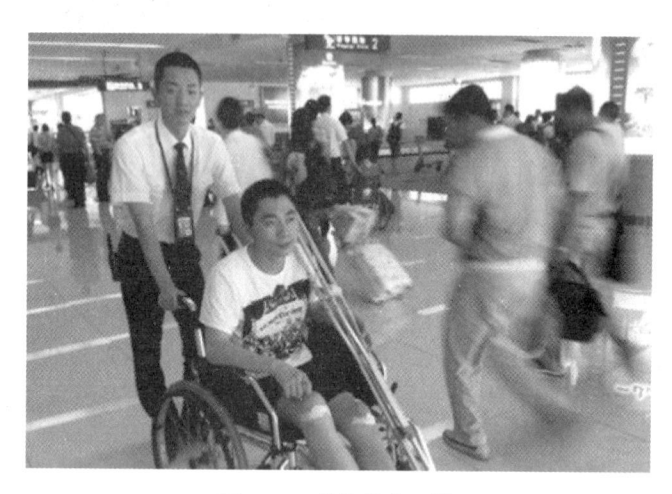

图 4-5 轮椅旅客运输

轮椅旅客运输条件如下:

(1) 必须事先在乘机地点的航空公司指定的售票处办理订座和购票手续,并提出特殊服务申请,航班(支线航班拒运轮椅旅客)的每一航段限载两名轮椅旅客。

(2) 必须事先在乘机地点的航空公司指定售票处办理订座和购票手续,提出特殊服务申请,经承运人同意后方可运输。

三、盲人/聋哑旅客

盲人旅客是指双目失明并单独旅行,旅行中需要民航公司提供特殊服务的旅客;聋哑旅客是指双耳听力缺陷或丧失听力,单独旅行时需要民航公司提供特殊照顾的旅客,不含患有耳病和听力弱的旅客。

盲人/聋哑旅客在航空旅行过程中有健康成人陪同并照料时,承运人可按照普通旅客承运。

通常承运人对每一航班的每一航段运载的无健康成人陪伴的盲人/聋哑旅客的数量要做一定限制。此类旅客订座及购票时，应填写必要的《特殊旅客乘机申请书》，接受订座的部门应通知值机部门做好服务工作。

办理值机手续时，应验收有关申请书，确认盲人/聋哑旅客符合运输条件。安排座位时应为盲人/聋哑旅客安排靠近乘务员或便于该旅客行动的座位，不得安排紧急出口旁的座位。服务人员应引导盲人/聋哑旅客进入候机室休息，在登机时还需给予其必要的协助和照顾。

（一）盲人旅客运输条件

（1）有成人旅客陪伴同行的盲人旅客按一般旅客接受运输。盲人旅客携带有导盲犬（导盲犬指盲人旅客在旅途中依靠其引路用并经过特别训练的犬只）的，必须在申请订座时提出，经承运人同意后，方可携带。联程运输时，应取得有关承运人的同意后方可受理。符合承运人运输条件的导盲犬可以由盲人旅客免费携带并进入客舱运输。盲人旅客携带导盲犬应具备必要的检疫注射证明和检疫证明书。盲人旅客在申请订座时，应向承运人出示此种证明。

（2）无成人陪伴和无导盲犬的盲人旅客（简称无成人陪伴盲人旅客）必须具备自行走动、照料自己的能力。在进食时，不需要其他人帮助。无成人陪伴的盲人旅客乘机，在始发站应由家属或其照料人陪送到上机地点；在到达站，应由盲人旅客的家属或其他照料人在下机地点予以迎接。订座时，应由无成人陪伴的盲人旅客的家属或其照料人填写一式两份《特殊旅客（无成人陪伴盲人）乘机申请书》。

（3）多个承运人联程运输盲人旅客时，应征得各有关承运人的同意。

（二）聋哑旅客运输条件

（1）已满16周岁的聋哑旅客乘机，按一般旅客办理。不满16周岁的聋哑旅客单独乘机，承运人一般不予承运。

（2）携带助听犬的聋哑旅客，必须事先在承运人指定售票处办理订座和购票手续，并提出特殊服务申请，经承运人同意后方可乘机。

四、醉酒旅客

醉酒旅客泛指因酒精、麻醉品或毒品中毒，失去自控能力，在航空旅

行中明显会给其他旅客带来不愉快或可能造成不良影响的旅客。

在始发站，承运人有权根据旅客的行为、言谈举止对旅客是否属于醉酒旅客做出判断，属于醉酒旅客的，承运人不予承运；在旅客乘机地点，对于酒后闹事、有可能影响其他旅客旅行生活的醉酒旅客，承运人有权拒绝其登机；在飞行途中，发现旅客处于醉酒状态，不适合旅行或妨碍其他旅客时，机长有权在飞机上采取措施，制止醉酒旅客的不当行为或令其在下一个停机地点下飞机。

五、犯人旅客

由于犯人是受到我国现行法律管束的人员，在办理犯人旅客运输时，必须与有关公安部门以及有关外交部门取得联系。在处理犯人旅客运输时，还应注意需符合我国有关法律、法令和对外政策及有关国家的法律规定。

犯人旅客运输时应注意以下几个方面：

（1）运输犯人旅客时，应有公安部门的书面批准。

（2）押解重要犯人旅客时要从严控制，确有特殊情况，须经地市（含地市）以上公安机关领导批准，并向当地民航公安机关通报案犯的情况和准备采取的安全措施，经同意后持地市及以上公安机关购票证明和押解人员身份证办理乘机手续。

（3）在运输犯人旅客的全航程中，押解警力应是犯人旅客的2~3倍，并对犯人旅客负全部责任。

（4）犯人旅客及其监送人员仅可乘坐经济舱。

（5）有VIP、VVIP的航班不得载运犯人旅客。

（6）必须事先在航空公司指定售票处办理订座和购票手续，提出申请，经客户服务席同意后方可运输犯人旅客。

（7）应注意对运输的犯人旅客相关情况的保密，其信息不得向无关人员透露。

思考与练习：

1. 民航对孕妇乘机有哪些规定？
2. 无成人陪伴儿童的接待和服务的要点有哪些？
3. 什么是无成人陪伴儿童？

项目二 旅客的不正常运输服务

学习目标：

1. 熟悉旅客误机、漏乘、错乘时的处理方法。
2. 能够妥善处理各种旅客不正常的运输状况。

任务一 旅客误机、漏乘、错乘情况的处理

一、误机

旅客未按指定时间到达机场而未能乘机，或到达机场后因乘机手续不完备而未能乘机叫误机。

误机的相关处理规定如下：

（1）如果旅客未按指定的时间到达机场以致在飞机起飞前未能办妥乘机手续，或旅客因乘机手续不全而未能乘机，按规定民航部门收取票价的50%的退票费，余款退回。

（2）由于民航部门或旅客健康原因误机，民航部门应安排旅客改乘其他航班或者按退票办理，这种情况下不收退票费。

（3）旅客误机后，如要求改乘后续航班，在后续航班有空余座位的情况下，航空公司应积极予以安排，不收误机费。旅客误机后，如要求退票，应到原购票地点办理。

（4）在航班规定的离站时间以后旅客要求退票的，航空公司将按客票价的50%收取误机费。如果旅客购买的是六折票，误机后，如果后续航班有同等价位的机票，则无需多缴费。如果后续航班折扣上升，如只有七折票，旅客除需要补交实际差额之外，还要交10%的变更费。

目前，大多数航空公司都设有紧急柜台，为晚到的旅客服务。但由于飞机舱门在起飞前15分钟关闭，如果时间过晚，即使办理完登机牌，也可能会被取消该次航班行程。若旅客在接近起飞前30分钟才抵达柜台办

理手续，将有错失航班的可能。

知识链接

男子腰系"红绳"险误机

2016年11月1日16：00左右，厦门高崎国际机场T3候机楼国内安检现场，安检员小许在对旅客巫某进行手工仪器检查，检查到该旅客腰部时，发出了报警声。安检员小许通过对旅客腰部进行规定的摸、按、压的检查方法，发现旅客腰部有一挂饰。该旅客声称今年是他的本命年，悬挂该挂饰是他们那边本命年的风俗。

检查员坚持将此物取出进行检查，发现该旅客腰上系着的是一根红绳和一个吊坠，该吊坠为一枚子弹壳，安检员迅速用相关暗语通知现场值班领导。经了解，巫某曾是一名军人，为纪念就把此物挂在了自己的红绳上，以前从未被查过，没想到这次被查还差点被移交公安，最后巫某被告知弹壳属于违禁物品，禁止携带登机或托运，旅客对该挂饰做出自弃处理。

根据民航局的规定，禁止乘机旅客随身携带或托运子弹、弹壳（及其制成的工艺品）等，旅客出行前应做好行李物品的检查，以免给自己的出行带来不便。

资料出处：民航资源网，链接网址：http://news.carnoc.com/list/376/376171.html，收入时有修改。

二、漏乘

（一）漏乘的定义

漏乘是指旅客在航班始发站办理乘机手续后或在经停站过站时未乘上指定的航班。漏乘的旅客分为两类：一类是办理完乘机手续之后的始发旅客，另一类是过站经停的旅客。

始发旅客漏乘分为以下几种情况：

（1）旅客办理完登机牌进入候机厅后，在错误的登机口休息等待，没有注意收听登机口广播，或者在吸烟、看书、逛商店、用餐等，导致漏乘。

（2）旅客到达机场的时间较晚，机场已经结束办理乘机手续，工作人员为给旅客提供方便，为其以办理了乘机手续，但旅客在经过安检和到达登机口的过程中花费了过多的时间，无法登机，造成漏乘。

(3) 旅客办理完手续，进入候机厅后，登机牌丢失，需要重新补办，在补办的过程中，超过了最后登机时间，造成漏乘。

(4) 机场登机口更改，广播通知更改登机口，旅客没有注意收听广播通知，也没有注意听登机广播，导致漏乘。

(5) 由于机场设施等原因导致旅客不能办理登机牌，或者不能进行安全检查，旅客没有听到登机广播，造成漏乘。

(6) 航空公司对于登机关闭舱门时间有规定，而旅客按照计划起飞时间来登机，造成航班已走，旅客未能够登机，造成漏乘。

过站旅客漏乘分为两种情况：一是旅客到达经停站后，由于精力不集中或其他原因，误认为到达了目的站，走下飞机之后，没有注意到机场的标识及工作人员的提醒，直接走出候机楼，坐上机场班车离开机场，导致漏乘。二是旅客已知自己到达经停站，也换取了过站登机牌，但由于其在候机隔离厅内购物、上洗手间、看书、睡觉等，注意力不集中，没有注意收听登机广播，导致漏乘。

(二) 漏乘的处理

旅客漏乘按下列规定处理：由于旅客原因发生漏乘的，旅客要求退票时，按误机相关规定处理。由于承运人原因造成旅客漏乘的，承运人应尽早安排旅客乘坐后续航班成行。航班取消、提前、延误，航程改变或承运人不能提供原订座位，旅客要求退票时，始发站应退还全部票款，经停地应退还未使用航段的全部票款，均不收取退票费。而登机口工作人员则需要修改舱单，减去旅客重量，如果旅客有托运行李，还需减去其托运行李的重量，并通知行李相关部门卸下其行李。

三、错乘

错乘指旅客乘坐了不是客票上列明的航班。错乘主要是由于工作人员在旅客乘机时把关不严造成的，应由民航公司承担主要责任。错乘由旅客造成时，承运人应安排错乘旅客搭乘最早的航班，飞往旅客客票上的目的地，票款不补不退。承运人造成旅客错乘时，承运人应尽早安排旅客乘坐后续航班成行，如旅客要求退票，按非自愿退票办理。

任务二　超售情况的处理

一、超售的定义

超售是指航班在办理乘机手续前，其实际订座人数大于该航班执行机型可利用座位数。为了满足更多旅客出行需要和避免航空公司座位的浪费，航空公司会在部分容易出现座位虚耗的航班上进行适当的超售，座位虚耗的原因大致有以下几类：

（1）旅客订票后，并未付款或付款后在不通知航空公司的情况下放弃旅行，从而造成航班座位虚耗。

（2）旅客同时与多家航空公司代理联系购票，各家代理分别订座，无意中造成重复。

（3）在机位紧张时，旅行社往往捏造旅客姓名和出票资料来占座位。

（4）旅客错过衔接航班。

二、超售的处理措施

航班超售时，航空公司将在旅客办理乘机手续前，告知旅客航班超售情况、补偿方案及旅客可享有的权利。在超售的情形下，对自愿取消行程的旅客，航空公司将按照补偿方案给予合理的补偿并根据旅客的要求为其安排合适的航班或退票。若没有足够的旅客愿意放弃本次航班旅行，航空公司可以根据其确定的优先登机规则拒绝运输部分旅客。优先登机的顺序原则如下：

（1）执行国家紧急公务的旅客。

（2）经同意并事先做出安排的，有特殊服务需求的老、弱、病、残、孕旅客以及无成人陪伴儿童。

（3）头等舱和公务舱旅客。

（4）会员卡旅客。

（5）已经订妥联程航班座位且转机衔接时间较短的旅客。

（6）证明有特殊困难急于成行的旅客。

对于未能按原定航班成行的旅客，航空公司将提供后续服务保障：

（1）安排旅客搭乘相应舱位的最早航班。

(2) 按非自愿退票处理，不收取退票费。
(3) 按非自愿变更航程处理，票款多退少不补。
(4) 若后续航班为次日航班，将免费为旅客安排膳宿。
(5) 根据旅客原定航班及被延误时间按照相关规定给予合理的补偿。

项目三　航班的不正常运输服务

学习目标：

1. 学会处理飞机延误后的旅客安置与服务。
2. 了解航班延误的原因。

任务一　航班延误的处理

一、延误的范围

航空运输中的延误是指承运人花费的运输时间超过了一般情况下完成该项运输所需要的合理时间。

我国民用航空法规定，旅客、行李或者货物在航空运输中因延误造成的损失，承运人应当承担责任；但是，承运人证明本人或其受雇人、代理人为了避免损失的发生，已经采取一切必要措施或者不可能采取此种措施的，不承担责任。

上述法条所规定的延误，是指承运人未能按照运输合同约定的时间将旅客、行李或者货物运抵目的地点。运输合同约定的时间，一般指承运人的班期时刻表或者机票上载明的旅客抵达目的地的时间和航空货运单上载明的货物运达目的地的时间。如果航空运输合同没有明确约定具体的运达时间，就应根据完成该运输所需要的合理时间来判断是否构成延误。

也就是说，上述延误是不合理延误或不正常延误。判断是否合理与是否正常，要看承运人完成该运输所花费的时间是否符合合同的约定，在无约定时间的情况下，要看其所花费的时间是否超过一般情况下完成该项技

术所需要的合理时间。在通常情况下，延误既可能发生在始发地，也可能发生在经停地，承运人承担的只是尽最大努力迅速运送旅客及行李的义务，班期时刻表或其他地方所显示的时间是不能被保证的，它们不构成航空运输合同的一部分，承运人未遵守注明的时间不构成违约。

二、延误的原因

导致航班延误的原因有以下几个方面。

（一）天气原因

如大雾、雷雨、风暴、低云、低能见度等危及飞行安全的恶劣天气。天气这种不可抗力是影响航班正常起降的主要原因。因为民航运输是由飞机在长距离的高空中实施，飞机经过的航路或机场上空出现雷暴、雷雨云、台风、龙卷风、强烈颠簸以及低云、低能见度乃至机场跑道积雪结冰等恶劣气候，都有可能对飞机结构、通信导航设备及飞机安全起降构成直接威胁。

（二）航空公司自身的原因

如飞机晚到、运力调配、机械故障、空勤人员原因等。以机械故障为例，虽然飞机是高科技产物，但机械故障在所难免。机型越先进或飞机越新，机械故障相对就少，反之亦然。许多航空公司委托对方在异地代为做一般的过站服务，在这种情况下，有时维护工具或器材无法保证，平添了排除机械故障的难度。因此，机械故障也是影响航班正常飞行的因素之一。

（三）空中管制原因

如空中流量控制、重要飞行、科学实验、上级发出的禁航令等。

知识链接

旅客不满延误，煽动旅客堵住登机口

民航青海机场公安局接到工作人员报警称：由于天气原因，飞往郑州至南京的MU2760航班延误，多名旅客情绪激动，请求出警。

接警后，公安局迅速调集警力立即赶赴现场处置。到达现场后，发现该航班众多旅客聚集在登机口周围与航空公司工作人员交涉，民警一边对情绪激动的旅客耐心说服教育，一边协助登机口检票员维持现场秩序。处置过程中，三名旅客煽动旅客闹事、拒绝检票、不听工作人员劝阻、带头强行冲闯控制区登机口，多名旅客突破安全防线，一度冲至廊桥，迫使航班舱门关闭，一名安检人员右肩部被旅客张某咬伤。民警立即采取强制措施，将赵某某等三人强制带离现场。

经调查，赵某某等三人煽动旅客闹事，带头冲闯控制区登机口，辱骂、袭击机场工作人员，事实清楚，证据确凿，赵某某等三人对自己的违法行为供认不讳。根据《中华人民共和国治安管理处罚法》第二十三条之规定，依法对赵某某等三人处以五至十日行政拘留。

乘机出行中，遇到航班延误、取消等现象，旅客应查明原因，听从机场和航空公司工作人员安排，采用合法的方式维护自己的权益，不宜采取过激行为。

资料来源：民航资源网，链接网址：http://news.carnoc.com/list/376/376953.html?f=mhs。

（四）旅客原因

如有的旅客在办完乘机手续后，到附近购物、用餐、打电话，没有注意收听广播通知，从而没能按时登机，有的旅客违反规定携带超大行李登机等，都有可能造成航班延误。

在众多延误原因中，最易招致旅客不满的是，因航空公司运力调配、飞机机械故障等原因造成的航班延误。由于中国航空市场的逐步发展，越来越多的旅客选择乘坐飞机出行。如遇节假日，飞机的使用频率明显增多，发生故障的概率也随之增多，但航空公司因为运力有限，不能及时调配其他飞机执行飞行任务，往往会造成航班延误。

三、延误的相关规定

（一）发生延误时承运人的义务

由于机务维护、航班调配、商务、机组等原因，造成航班在始发地延误或取消的，承运人应当向旅客提供餐食或住宿等服务。但是由于天气、突发事件、空中交通管制、安检及旅客等非承运人的原因造成航班在始发地延误或取消，承运人应协助旅客安排餐食和住宿，费用可由旅客自理。如果航班在经停地延误或取消，无论其出于何种原因，承运人均应负责向经停旅客提供膳食服务，在航班延误不能提供原订座位时，承运人应优先

安排旅客乘坐后续航班，或签转其他承运人的航班。如果旅客要求退票，在始发站应退还全部票款，在经停地应退还未使用航段的全部票款，均不收取退票费。

承运人违反合同而延迟，严重影响旅客行程，旅客有权解除合同，承运人有义务退还全额票款。在运输途中发生停滞的，旅客也可以要求就尚未履行的部分解除合同，但对于承运人已经履行运输义务的部分，则一般不能要求解除。另外，旅客也可以要求改乘其他航班，承运人应当根据旅客的要求做出妥善安排。

（二）承运人承担赔偿责任的条件

承运人只在因延误给旅客造成损失时才承担责任，如果延误没有造成任何损失，承运人无需承担责任。也就是说，旅客应对延误对其所造成的损失承担举证责任。如果旅客不能证明这一点，就不能要求承运人承担责任。另外，因延误造成的损失必须是实际的经济损失，不包括因延误给旅客造成的精神损失。

（三）承运人的免责条件

承运人在两种情况下不承担责任：一是承运人及其受雇人、代理人已经采取一切措施以避免损失的发生。例如，在机械故障造成延误的情况下，承运人已为旅客安排食宿、交通和通讯，或者为旅客改签其他航空公司的航班。二是延误是承运人无法预料或无法控制的原因造成的，承运人不可能采取必要措施控制或者阻止延误的发生。无法预料或无法控制的原因包括天气原因、飞机的机械故障、机组人员或机械人员的罢工等。

（四）承运人承担赔偿的方式

航空公司因自身原因造成航班延误分为两种：一种是延误4小时以上8小时以内，另一种是延误超过8小时以上。在这两种情况下，航空公司要对旅客进行经济补偿，补偿可以通过现金、购票折扣和返还里程等方式予以实现。在航班延误的情况下，为了不再造成新的延误，经济补偿一般不在机场现场进行，航空公司可以采取事先登记等方式进行，机场应该制止旅客在航空延误后，采取罢乘、占机的方式影响航班正常飞行的行为。

四、延误的服务流程

（1）航班延误或取消时，应首先通知售票处联系旅客，告知航班延误或取消的信息,如果旅客已经办理登机手续,则应通知值机人员广播告知旅客延误的信息。

(2)登机口工作人员在原定航班起飞时间到达登机口,向旅客说明原因。

(3)导乘人员须安抚旅客。

(4)一旦等待时间确定要及时告知旅客,用餐时间要向旅客提供餐食,提供饮用水。如果时间不确定要妥善安排旅客膳宿。

(5)承运人应根据旅客的要求,按非自愿变更和非自愿退款的有关规定做好后续航班安排或退票工作。

任务二 航班取消、返航、备降后的安置与服务

一、航班取消

航班取消是指航班停止原定的飞行任务,并且不进行补飞。

航班取消的原因有多种,一般可归为承运人的原因和非承运人的原因两种。承运人的原因主要有飞机故障、航班计划的临时更改等。非承运人的原因主要是指天气原因、突发事件、国家政策规定等。

航班取消时承运人应及时通知公司销售部门和销售代理人进行客票的停售并且通知已购票旅客航班取消的决定,尽量为旅客安排后续航班。

二、航班返航

航班返航是指航班在执行飞行任务的途中因为各种不可抗因素,取消航班预定任务,返回出发地。

返航一般都是由于一些不可抗的因素,包括飞机突发故障、天气原因、空中交通管制原因、禁航、机组原因等。

如果出现返航的情况应及时通知地面人员安排相关工作。如果返航后短时间内可以再次起飞,承运人可以安排旅客在客舱内休息等待;如果等待时间较长,则需要为旅客安排膳宿。如果旅客要求退票,应按照非自愿退票处理。飞机重新执行飞行任务时如果载量发生变化,应重新进行配载。

三、航班备降

航班备降主要是指飞机改变飞行线路,停靠点发生变化。航班备降一

般都是由于机场流量控制、空中交通管制、飞机故障及天气原因等造成的。发生航班备降时要做好及时沟通和协调工作，通知备降机场地面服务人员做好相关的接待工作。如果备降等待时间较短，应安排旅客在客舱内休息等待；如果等待时间较长，则需要安排旅客在候机楼休息或者为其安排膳宿。

模块五　行李运输

模块导读：

民用航空旅客运输包含旅客及行李的运输。行李运输作为航空运输的组成部分，是随着旅客运输的产生而产生的。行李运输在旅客运输中占据着非常重要的地位，行李是否完好、运输是否准时是旅客旅行是否成功的重要因素。

行李运输工作的好坏直接影响到飞行安全、航班正常和服务质量。行李运输差错事故所引起的赔偿会给航空公司带来经济损失，也会有损航空公司的声誉，甚至造成严重的政治影响。随着客运量逐年上升，加强行李运输管理、预防行李运输差错事故的发生，已成为提高航空客运质量的重要环节。

行李运输作业线长、面广、环节多，为了高质量完成行李运输，就需要值机、行李分拣、运输装卸、行李交付及行李查询等各部门的共同努力。

项目一　行李运输的一般规定

学习目标：

1. 熟悉行李运输的一般规定。
2. 掌握托运行李的包装及处理。

任务一　行李的定义及分类

一、行李的定义

行李是旅客在旅行中为了穿着、使用、舒适或方便的需要而携带的物品和其他个人财物。除另有规定外，行李包括旅客托运行李、自理行李和随身携带物品。

二、行李的分类

承运人承运的行李，按照运输责任分为托运行李和非托运行李。

（一）托运行李

托运行李是指旅客交由承运人负责照管和运输并填开行李票的行李。承运人在收运行李时，必须记录行李的件数及重量，并发给旅客认领行李用的行李牌识别联。国内运输托运行李的重量每件不能超过50千克，体积每件不能超过40厘米×60厘米×100厘米。为了与国际接轨，目前某些航空公司已经将每件托运行李的重量上限定为32千克。超过上述规定的行李，必须事先经过承运人的同意才能托运。

需要注意的是，各航空公司有关行李运输的规定不尽相同，具体应以各航空公司的规定为准。

（二）非托运行李

非托运行李是指经承运人同意由旅客带入客舱自行照管的行李。非托运行李包括自理行李和随身携带物品。

自理行李是指经承运人同意与托运行李合并计重后，交由旅客带入客舱自行管理，并在其上拴挂自理行李牌的行李。易碎品、贵重物品、外交信袋、公文包、艺术品等特殊物品可以作为自理行李由旅客带入客舱内，并按要求放入行李架内或座位底下，以不妨碍客舱服务和旅客活动为宜。每一位旅客可携带一件不超过10千克的自理行李，其体积每件不能超过20厘米×40厘米×55厘米。自理行李的重量需要计入旅客的免费行李额中。

随身携带物品（又称手提行李）是指旅客经承运人同意自行携带乘机的零星小件物品。随身携带的物品有别于自理行李，是指旅客在旅途中需要使用的个人物品，如一定量的食品、书报、照相机、大衣等，随身携带物品由旅客自行照管。随身携带物品的重量，每位旅客以 5 千克为限，此重量不计入旅客的免费行李额内。每件随身携带物品的体积不得超过 20 厘米×40 厘米×55 厘米。持头等舱客票的旅客，每人可随身携带两件物品。超过上述重量、体积或件数限制的随身携带物品，应作为托运行李托运。

任务二 禁止、限制运输的行李

一、不得作为行李运输的物品

下列物品不得作为行李或夹入行李（包括托运行李和自理行李）内托运，也不得随身带入客舱。

（1）危险品：如易燃和有毒的压缩气体、腐蚀性物体（酸类、碱类）、病源剂（传染性细菌、病毒和带有活病原体的物质）、爆炸物（弹药、烟火、爆竹和照明弹）、易燃的液体和固体（引火器、加热器、燃料、火柴和易引起燃烧的物质）、氧化剂（漂白粉、过氧化物）、毒品（海洛因、鸦片）、有毒物品（有毒农药、有毒化学试剂、灭鼠剂）、放射性物质（放射性同位素、含有放射性的医疗或研究样品），等等。

（2）枪支、弹药、仿真玩具枪、枪型打火机、空弹壳、用子弹制作的工艺品，以及其他类型具有攻击性的武器、器械（体育运动专用器械除外）。

（3）军械、警械。

（4）管制刀具：如匕首、三棱刀、三棱刮刀、半圆刮刀、侵刀、扒皮刀、羊骨刀、猎刀、弹簧刀；刀体在 8 厘米以上，带自锁装置或非折叠式的单刃、双刃尖刀；武术用刀（能开刃的）、剑等器械；少数民族用的藏刀、腰刀、靴刀；其他可能危害社会治安的刀具。

（5）活体动物和具有刺激性异味，或易引起其他旅客反感的植物，如大型动物和榴梿等。

（6）根据国家规定的其他禁运物品。

遇有旅客要求托运或随身携带易燃、易爆、腐蚀、有毒、放射性、可聚合物质、磁性物质等危险品的，值机员必须参照公司危险品规定，对凡在接收范围外的含有上述物品的行李一律拒绝接收托运和随身携带。遇到

旅客坚持携带的情况，值机员应立即向值班主任汇报，必要时值班主任可移交公安部门处理。

2015年9月2日，民航局发布了《关于旅客携带打火机火柴乘坐民航飞机法律责任告知书》，旅客如随身携带或在手提行李、托运行李中夹带打火机、火柴，要取出并自行处置，否则，将可能面临公安机关5000元以下罚款、拘留等行政处罚。由此造成的其他损失，由旅客自行承担。

二、限制运输的物品

限制运输的物品是指由旅客携带的有可能危害人员和飞行安全或超出承运人的运输规定（如超过重量限制或超过体积限制）的行李物品。旅客对这些限制物品如采取一些必要措施，使其符合运输的包装要求、数量限制、物品性质规定、运输方式、操作程序等，经承运人允许，可以承运。限制运输的物品包括：

（1）精密仪器、电器，如影碟机、录像机、电视机、音响器材等类物品，应作为货物托运，其如按托运行李运输，应具有出厂包装或符合航空公司要求的包装，并且此类物品的重量不得计算在免费行李额内，应作为超重行李收取费用。

（2）按照民航运输规定，旅客的随身物品和托运行李内不得夹带枪支和弹药，但是，有关部门特别批准的体育运动用器械，包括体育运动用枪支和弹药，经承运人同意，可作为托运行李托运，其重量一般不超过5千克。此类物品一般不在免费托运行李之列，而是将其作为超重行李。作为超重行李收取费用托运时必须遵守航空公司的运输规定，必须出具有关部门发放的运输证明，将枪支分卸、枪弹分离，在行李包装外粘贴危险品标签，由海关/公安部门接收旅客托运的枪支/弹药，然后交行李装卸部门装运。

（3）家庭驯养的狗、猫、鸟或其他玩赏宠物、导盲犬和助听犬（不包括野生动物和具有怪异形体或可能伤人等特性的动物，如蛇等）经承运人同意后可以作为行李运输。

旅客要求携带小动物乘机，必须在订座或购票时提出申请，并提供动物检疫证明，同意遵守承运人运输小动物的有关规定，经承运人同意后方可运输。

小动物的途中喂食、喂水等工作由旅客负责。如小动物在运输途中发生逃逸或死亡等，承运人均不承担任何责任。

小动物不得被带入客舱，应作为托运行李在货舱中运输。小动物及其容器将不计入免费行李额，应作为超重行李收费。

旅客因特殊原因而携带的助听犬、导盲犬经承运人同意后可免费带入客舱，不计入免费行李额。

（4）管制刀具以外的利器、钝器，如菜刀、餐刀、水果刀、工艺品刀、手术刀、剪刀、铅笔刀，以及钢铿、铁锥、斧子、短棍、锤子等，应放入托运行李内运输。

任何旅客擅自携带上述违禁物品登机将会被安检人员拦下，并要求重新办理行李托运手续。

（5）非放射性医用物品、厕用物品和气溶剂（如香水、喷发胶等）美容物品、化妆品等，可携带的量以航空公司规定为准。

（6）小型医用水银计量表限个人使用，并应有防震保护的外包装，每位旅客携带数量不超过1支。

（7）经承运人同意，每一位旅客携带的用于包装易腐物品的干冰不得超过2.5千克，且包装不可密封，必须有透气装置。

（8）液态物品不可随身携带，但可办理托运，其包装应符合民航运输有关规定。每位旅客每次可携带含酒精（24%～70%）饮料不得超过2瓶（1千克，总容积不超过1000毫升），且总量必须和其他含有酒精成分的物品，如医用品、消毒剂等的体积相加。有婴儿随行的旅客，购票时可向航空公司申请，由航空公司在机上免费提供液态乳制品；糖尿病患者或其他患者携带必需的液态药品，经安全检查后，交由机组人员保管。

（9）旅客在旅途中自带的折叠式或电动轮椅必须作为托运行李放置在货舱内运输。如果旅客在办理登机手续过程中需要使用轮椅，在经过航空公司许可后，可在旅客登机时在登机口交运轮椅。电动轮椅在托运时，应符合航空公司的具体要求。

（10）运动用自行车一般应作为货物交运，如经承运人允许，旅客可将非电动自行车作为托运行李在货舱中运输。托运时轮胎必须放气，非折叠式自行车应将自行车车把旋转90度并固定，将车轮卸下，牢固绑在车

身上。折叠式自行车应折叠并绑牢。

（11）航空公司禁止旅客携带使用任何在飞行中可能干扰航空器通信和导航的电子设备，个人娱乐、人体辅助用小电器（或电子设备）除外。

（12）现金、有价票证、珠宝、贵重金属及其制品、古玩字画、电脑、个人电子设备等贵重物品，重要文件和资料，旅行证件等物品及个人需定时服用的处方药等物品不建议将其作为托运行李或夹入行李内托运。承运人对托运行李内夹带的上述物品的遗失或损坏按一般托运行李承担赔偿责任。

（13）锂电池不允许作为托运行李或夹入行李内托运。超过100瓦时但小于160瓦时的锂离子电池或电池组，仅可以作为非托运行李携带；严禁携带超过160瓦时的锂电池。每位旅客只能携带两块上述锂离子电池或电池组，并做好符合民航局及航空公司安全运输要求的防护措施。严禁在飞行过程中使用锂电池移动电源（如充电宝）。便携式电子装置的备用电池必须逐个做好保护以防短路（放入原零售包装或以其他方式将电极绝缘，如在暴露的电极上贴胶带，或将每个电池放入单独的塑料袋或保护盒中）。

任务三　托运行李的包装及处理

行李的包装在保证行李运输质量和飞行安全中起到非常重要的作用，因此，承运人对旅客的行李包装的要求制定了具体的规定。在收运行李时，承运人应严格检查行李的包装，对不符合包装要求的行李，应要求旅客改善包装，否则，可以拒绝收运或不承担损坏的赔偿责任。

托运行李要用行李箱或其他合适的容器包装，包装应锁扣完好，捆扎牢固，能承受一定压力，以保证在正常的操作条件下安全运输，同时应符合下列条件：

（1）旅行箱、旅行袋、手提包等必须加锁，以防内物丢失。

（2）两件以上的包件不能捆为一件。

（3）行李上不能附插其他物品。

（4）竹篮、网兜、草绳、草袋等不能作为行李的外包装物。

（5）行李包装完好，保证内物不会遗漏出来，液体不会渗漏出来。

（6）行李上应拴挂姓名牌，写明旅客的姓名、详细地址、联系电话。

案例分析：

某旅客前往北京参加茶叶展销会，准备了一个重 12 千克的行李箱，里面放置了衣物、洗漱用品、手机充电器、烟、ZIPPO 打火机、打火机油，同时还准备了一个纸箱，内装 30 千克茶叶作为展品。另外，他还将旅行中使用的书报、照相机、证件放入随身公文包中，这些物品共重 2.5 千克。

请问：

(1) 该旅客携带的物品都可以作为行李运输吗？

(2) 哪些物品可以带入客舱？

(3) 哪些物品可以托运？

分析解答：

(1) 打火机、打火机油属于危险品，不能作为行李运输。

装着 30 千克茶叶的纸箱不是为旅行准备的，已超出了行李的范畴，也不应该作为行李运输。

(2) 重 12 千克的行李箱不可带入客舱。随身公文包可作为随身物品带入客舱，尤其是其中的证件不建议托运。

(3) 重 12 千克的行李箱应作为托运行李交由航空公司运输，但托运时应把打火机和打火机油拿出。

项目二　国内行李收运

学习目标：

1. 掌握行李收运工作的流程。
2. 学会填写逾重行李缴费通知单。

行李收运工作是整个行李运输工作流程的第一道工序，是行李运输中最重要的工作环节。行李收运工作直接影响整个行李工作的正常开展和运

输质量。

行李收运工作应按以下流程操作：

（1）值机员首先应询问旅客是否有托运行李。

要使用礼貌用语询问，对于需要帮助的旅客，应帮其将行李搬放到传送带上。

（2）确认旅客的托运行李符合运输标准，并将其正确放置在安检机传送带上，如有需要，可将托运行李作为免责行李运输。

要求：

①行李必须为旅客本人的物品，不得包含他人捎带的行李。

②检查行李包装是否完好。

③撕去行李上拴挂的旧行李牌。

④检查行李的包装、尺寸、重量是否符合民航有关行李运输的规定。

⑤询问行李内是否有违禁物品（包括易燃、易爆、腐蚀、有毒、放射性物品，可聚合物质，磁性物质）。

⑥将行李按照安检机器上的放置要求正确放置（行李侧面朝上放置）。

（3）在离港系统内确认旅客姓名，输入托运行李件数、重量。如无法一次性称出行李的准确重量，应在所有行李托运完成后校正离港系统中的数据直至正确为止。

（4）如旅客的行李重量超过免费行李额，值机员应开具逾重行李缴费通知单，售票柜台工作人员据此填开逾重行李票（如图 5-1），旅客付费后再继续为其办理行李的托运手续。

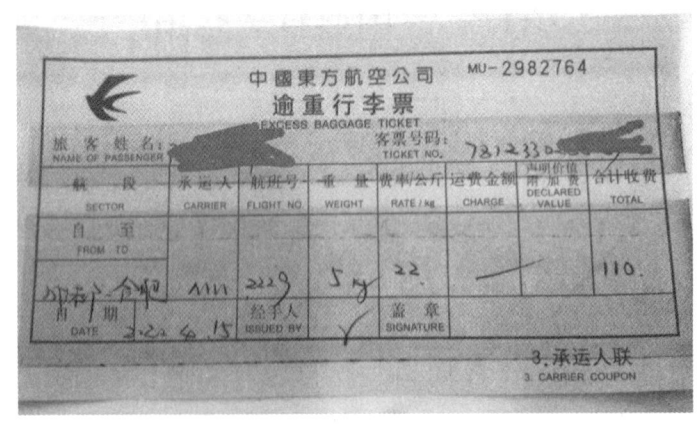

图 5-1 逾重行李票

(5) 打印登机牌和行李牌，核对行李牌上的件数和目的地是否与电脑中的信息一致。

(6) 拴挂行李标牌。

(7) 如有打印后废弃不用的行李牌，必须在行李牌上注明"VOID"或"作废"的字样。

(8) 手动或踩踏启动安检机开关，将行李送入X光机。若显示异常，应要求旅客根据安检要求开包或前往行李开包检查室。

项目三　免费行李额与逾重行李

学习目标：

1. 掌握轻泡行李的计量方法。
2. 掌握国内航线旅客的免费行李额。

任务一　国内航线旅客免费行李额

免费行李额是根据旅客所付票价、乘坐舱位等级和旅客的航线来决定的。每位旅客的免费行李额包括托运行李和自理行李的重量总和。

搭乘同一航班前往同一目的地的两个或两个以上同行旅客，如在同一时间、同一地点办理行李的托运手续，其免费行李额可以按照各自的客票价等级标准合并计算。合并计算免费行李额，也称为合并行李。

如果旅客乘坐的国内航班是构成国际联程运输的国内航段，并且旅客国内航班与国际航班填开在一本客票上，每位旅客的免费行李额按适用的国际航线免费行李额计算。

一、持成人和儿童票的旅客免费行李额

(1) 头等舱：40千克。

(2) 公务舱：30千克。

(3) 经济舱：20千克。

（4）持婴儿票的旅客无免费行李额（部分航空公司允许婴儿旅客携带不超过 10 千克的免费行李）。

（5）每位旅客随身携带物品的重量以 5 千克为限，每位头等舱旅客可携带 2 件，每位公务舱和经济舱旅客可携带 1 件。此重量不计入旅客的免费行李额内。

二、普通旅客可免费携带的物品

（1）一件外衣。

（2）一条毛毯。

（3）一把晴雨伞。

（4）一根手杖。

（5）一部小型照相机。

（6）一副小型望远镜。

（7）一只小拎包或一个钱包。

（8）供旅程途中阅读的大小合适的读物。

三、婴儿旅客可免费携带的物品

（1）旅途中婴儿所需的食品。

（2）一只婴儿摇篮。

（3）一辆折叠式婴儿座车（也可放置在飞机货舱中）。

四、残疾旅客可携带的物品

（1）一把全折叠式轮椅。

（2）一副拐杖、撑架或其他假肢器具。

另外，旅客的婴儿手推车、便捷式轮椅（全折叠轮椅）的交运手续可在登机口办理。

任务二　轻泡行李运输

密度低于每千克 6000 立方厘米的行李称为低密度行李（即轻泡行李），此类行李的重量按体积重量的标准进行计算。

一、计量方法

体积重量的计算方法如下：

（1）量出货物的最大长、宽、高的尺寸。

（2）进位。度量单位是厘米，按四舍五入的原则进行进位，例如，对实际为 40.2 厘米×9.5 厘米×99.7 厘米的行李要按 40 厘米×10 厘米×100 厘米来计算其体积。

（3）换算标准：

体积重量＝总体积/6000 立方厘米。

（4）体积重量的进位按实际重量的进位方法。

（5）如旅客携带多件轻泡行李，则应算出全部行李体积再换算成体积重量。

二、操作要求

值机员如遇有旅客携带轻泡行李，需首先计算出行李的实际体积，再按上述体积重量的计算方法核算出行李的重量，最后根据行李托运的一般规定收运。

任务三 国内逾重行李

旅客的托运行李和自理行李合并计重后超出免费行李额的部分，称为逾重行李。逾重行李应支付逾重行李费。

一、逾重行李费的收取

逾重行李费按逾重行李票填开之日所适用的成人经济舱直达公布票价的 1.5% 计算：

逾重行李费＝（行李总重量－免费行李额）×（经济舱直达公布票价金额×1.5%）

注意：逾重行李费以元为单位，元以下四舍五入。

二、逾重行李操作流程

（1）值机柜台的工作人员确认旅客行李超重重量，填开逾重行李缴费通知单后，请旅客前往售票柜台支付逾重行李费。

（2）售票柜台工作人员计算逾重行李费，填开逾重行李票。

（3）旅客付费后回到值机柜台凭逾重行李票的运输联和旅客联继续办理行李的托运手续。

（4）工作人员收取运输联并上交财务部门。

三、国内逾重行李票填开

逾重行李票由以下四联组成：

（1）会计联：供财务结算时使用。

（2）出票人联：供出票人留存备查。

（3）运输联：运输逾重行李及承运人结算时使用。

（4）旅客联：旅客托运逾重行李和报销时使用。

在填开完逾重行李票交给旅客前应先撕下会计联和出票人联，旅客持逾重行李票办理托运手续时，工作人员撕下运输联作为运输凭证，并上交财务部门。

项目四　行李的声明价值

学习目标：

1. 理解行李的声明价值。
2. 掌握声明价值附加费的计算方法。

案例分析：

王先生于2018年4月8日从香港机场出发乘坐×航飞机到沈阳，出发前，他将在香港刷卡消费购买的40余万元的东西，分成四包，交航空公司托运。不料下飞机后，发现托运行李丢失了一件。行李是在香港机场打包的黄色纸箱，内装有名牌鞋、钱夹和衣服等。

王先生立即向航空公司反映了行李丢失的情况，航空公司当时答复是让等消息。等了近一个月没有回复，王先生只好反复催促。最后航空公司方面回复说只赔偿5000元人民币，最多不超过6000元人民币。王先生不同意此赔偿方案，事情陷入僵局，到现在赔偿方案也没有落实。

从此案例来看，航空公司对旅客行李管理不善的问题的确有待解决。

导致旅客行李丢失的因素是多方面的，包括机场停机坪的拥堵、不同航班之间交接时间有限、中转站的增多等。但是作为旅客，也应从案例中吸取教训，尤其是在托运贵重物品时，一定要注意声明价值并交纳声明价值附加费，以免在行李丢失时，承运人赔偿的金额远低于丢失物品的实际价值。

根据航空运输规定，旅客托运的行李在运输过程中发生损坏、灭失时，承运人最高赔偿限额一般为国内运输每千克 100 元，国际运输每千克 20 美元。当旅客的托运行李的实际价值超过承运人的最高赔偿限额时，旅客有权要求更高的赔偿金额，但必须在托运行李时办理行李声明价值，并支付声明价值附加费。办理过声明价值的行李，在运输途中由于承运人原因造成损失，承运人应按照旅客的声明价值进行赔偿。

办理行李声明价值时，具体要求如下：

（1）每一位旅客的行李声明价值不得超过行李本身的实际价值，最高限额为 8000 元。旅客在办理行李声明价值手续时应出示证明行李声明价值的文件和证据。如承运人对声明价值有异议而旅客又拒绝接受检查时，承运人有权拒绝收运。

（2）对于占座行李、自理行李、随身携带物品、小动物等承运人免责的行李，承运人不办理声明价值。

（3）办理声明价值的行李的重量不计入免费行李额，应作为逾重行李另外收费。

（4）除与另一承运人有特别协议，一般只能在同一承运人的航班上办理行李声明价值。

（5）承运人应按照旅客声明价值中超过最高赔偿限额部分价值的 5‰ 来收取声明价值附加费，以元为单位，不足元者进整为元。

声明价值附加费＝（行李的声明总价值－每千克普通行李最高赔偿费×办理声明价值行李总量）×5‰

（6）办理声明价值的行李必须与旅客同机运出，值机人员应通知行李装卸部门将声明价值行李单独装箱，同时将声明价值行李的重量、件数、行李牌号码、装舱位置等以电报的形式通知相关航站。声明价值行李电报如下：

QD PEKLLCA
SHAKOMU 150100/ZGM
EXCESS VALUE BAGGAGE
PAX LI/WEI CTN 010－62461234
O/B MU5143/15MAY SHAPEK
ONE WATCH IN TYPE BU01
WZ TN MU 123456 LOADED IN AKE001
DECLARED USD 2000
MAAS N ENSURE DELIVERY

案例分析：

旅客何志华乘坐 MF8512 航班自上海飞至厦门，携带有 1 件重量为 6 千克的行李，申请办理行李声明价值 4500 元，已知该航班经济舱价格为 960 元，则该旅客需支付多少费用？

解答：

声明价值附加费＝（4500－6×100）×5‰＝19.50，应收 20 元。

逾重行李费＝6×（960×1.5%）＝86.40，应收 86 元。

共计：106 元。

项目五　行李的赔偿

学习目标：

1. 掌握办理行李赔偿的程序。
2. 掌握行李赔偿额的计算方法。

任务一　行李赔偿责任划分

一、承运人责任

（1）旅客交运的行李在运输过程中发生丢失、破损、短少或延误等差错时，承运人应负赔偿责任。

（2）如丢失行李只是全部交运行李的一部分，不管其价值如何，承运人只按该部分丢失的重量在全部行李重量中所占的比例承担责任。

（3）承运人交付行李时，如果旅客没有对行李的完好性提出异议，且未填写"行李运输事故记录"或"破损行李记录"，航空公司一般不负赔偿责任。

（4）对于逾重行李的逾重部分，如旅客未付逾重行李费，承运人对该部分不负赔偿责任。

二、免除责任

出现下列情况，行李发生损失时，除能证明是航空公司的过失，航空公司一般不负赔偿责任。

（1）因自然灾害或其他无法控制的原因。

（2）包装方法或容器质量不良，但从外观无法观察发现。

（3）行李本身的缺陷或内部物品所造成的变质、减量、破损、毁灭等。

（4）包装完整，封志无异而内件短少、破损。

（5）旅客的自理行李、随身携带物品等非托运行李。

三、旅客的责任

（1）旅客未遵守相关的法律法规以及民航运输的有关规定。

（2）行李内装有按规定不能夹入行李运输的物品。

（3）由于旅客原因，造成的民航或其他旅客的损失，应由造成损失的旅客负责。

任务二　办理行李赔偿的程序

（1）确认无法找到行李（或无查询结果），应寄致歉信件通知旅客行

李查询结果，要求旅客填写内物调查表、行李索赔单，准备好机票、身份证明的复印件、行李运输事故记录或破损行李记录的原件，提出赔偿要求。声明价值行李和逾重行李还应出具相关费用的收据。

（2）旅客回复后，复印所有文件及来往查询电报。

（3）重新复核旅客姓名、免费托运行李额，合并托运行李人数，托运行李总件数、总重量，收到行李件数及重量，逾重行李费或行李声明价值等信息。

（4）计算出应该赔偿的金额，向航空公司行李查询中心通报行李赔偿意见和赔偿金额。

（5）填写行李赔偿费收据，通知旅客取款日期和安排取款事宜。

（6）扣除已支付旅客的临时生活用品补偿费，向旅客支付赔偿金额，请旅客在行李赔偿费收据上签字，并将旅客所持的行李运输事故记录等凭证收回。

（7）办理行李损坏赔偿时，应尽可能在旅客提出索赔的当时解决，一般采用先修复后赔偿原则处理。赔偿金额以航空公司的损坏赔偿标准为准。

（8）已赔偿的旅客的丢失行李找到后，承运人应迅速通知旅客领取，旅客应将自己的行李领回，退回全部赔款，临时生活用品补偿费不退。

任务三　行李赔偿额的计算方法

（1）符合国内运输条件的行李，每千克行李最高赔偿 50 元（各航空公司规定不一，此处依据《中国民用航空旅客、行李国内运输规则》），即：

赔偿金额 =（行李票注明的托运行李重量 − 实际收到行李重量）× 50

（2）符合国际运输条件的行李，每千克行李最高赔偿 20 美元，即：

赔偿金额 =（行李票注明的托运行李重量 − 实际收到行李重量）× 20

（注意：某些适用《蒙特利尔公约》的国际航线的行李赔偿标准，可参阅该公约有关条款。）

（3）行李票未注明托运行李重量的，按下列方法之一估算：

计重制，根据旅客乘坐舱位等级和身份，参照托运行李起始航班所享受的最大免费行李额确定行李托运总量。

计件制，参照计件行李的最高重量限额（每件行李 32 千克）确定托运行李重量。

（4）比较以上所有计算的赔偿数额与旅客按申报丢失内容实际价格索赔价额，取低者进行赔偿。

（5）行李赔偿时，旅客已支付的逾重行李费应退还旅客。如旅客办理了声明价值，赔偿金额以声明价值为限，逾重行李费退还旅客，但所付的声明价值附加费不退。

（6）旅客的自理行李、随身携带物品等非托运行李丢失或破损时，承运人一般不承担责任，除非能证明损失是由于承运人原因造成的。

（7）构成国际运输的国内航段，行李赔偿也可按适用的国际运输行李的赔偿规定办理。

项目六　航空保险

学习目标：

1. 了解航空保险的概念。
2. 知道航空保险的分类。
3. 了解航空保险费的确定以及保险理赔事宜。

任务一　航空保险的概念

航空保险是以航空飞机旅行为保险标的的一种保险，是财产保险的一种，属于内陆运输保险范畴，主要承保与航空有关的各种空中与地面的损失，包括对航空器制造、航空器所有权、航空器运行及维修可能产生的风险予以保险，对地面航行设施（机场建筑物及其设备、导航设备等）予以保险，对使用航空器进行经营活动可能产生的风险予以保险等三大类。

航空运输业在国家的经济发展中占有重要的地位。它的主要生产工具是飞机，其价格昂贵、投资巨大。运营中一旦发生事故，不但影响航空公司的生产经营，还牵涉旅客、货物和第三者的人身安全与财产损失，航空

公司因此遭受损失的金额可能高达数千万甚至数亿元。如此巨额的损失对于任何一家航空公司来讲都是难以承受的，因此，投保航空保险，让风险由多个组织分担，不失为一种防灾防损的明智选择。

我国民航业于1974年9月29日起正式向中国人民保险公司投保飞机保险，最初投保的飞机只有4架。随着航空运输业务的发展和飞机的不断引入，投保的飞机也逐渐增多。目前，我国民航业对不论是购入的还是租入的飞机都进行了投保，飞机保险对促进我国民航业的发展起到了积极作用。

任务二　航空保险的种类

航空保险的险种很多，主要有航空器机身险、机身战争险、法定责任险、机组人员的人身意外保险、机场责任险、航空器生产厂产品责任险、政治险等。

一、航空器机身险

航空器机身险主要承保航空器在飞行和滑行中以及停航时，由于意外事故造成航空器及其附件损失或损坏带来的损失，以及因意外引起的航空器拆卸重装和运输的费用和清除残骸的费用。

航空器机身险分为国际航线机身险和国内航线机身险两种，前者需要使用外币投保，后者用人民币投保。用外币投保的航空器，中国人民保险公司还需将其拿到伦敦国际保险市场上进行分保险。

另外，航空器机身险的保单还规定以下与机身险发生有关的费用也由保险公司赔付，不论航空器是全损还是部分损坏：

（1）事故发生后的施救费用，一般不应超过保险金额的10%，但若事先征得保险公司同意则可不受此限制。

（2）将航空器从出事地点运往修理厂的运输费用。

（3）损坏航空器修理后的试飞及检验的合理费用。

（4）将修好后的航空器运返出事地点或其他指定地点的运输费用。

但由于以下原因而引起的航空器的损失或损坏，保险公司不予赔偿：

（1）机械故障、磨损、断裂和损坏以及航空器设计上的缺陷和失误，这些问题实际上是一种正常的运营消耗，不是保险公司应承担的责任。

（2）石块、碎石、灰尘、沙粒、冰块等引起的吸入性损坏，致使飞机发动机逐渐损坏，这通常也被认为是"磨损、断裂和慢性损坏"，因而保险公司也不予赔偿。但由单一事故引起突然性的吸入性损坏，致使发动机立刻不能工作，这种情况应列入保险范围内，保险公司给予赔偿。

（3）战争及相关的危险，属于机身战争险承保范围。

（4）航空器不符合适航条件而飞行。

航空器机身险中投保的金额通常是约定价值。与一般财产险不同，保险公司在承航空器保险时都需要在保险单中规定一个免赔额，一旦发生事故，保险公司要根据免赔额来确定保险赔偿额。其保险期限一般为一年。

二、机身战争险

除外责任意味着有些情况在保险赔偿范围之外，但有时航空企业又确实需要就某些除外责任的事故进行保险，这时可采取投保机身附加险，机身战争险就是其中的一种。

机身战争险承保由下列原因引起的飞机损失或损坏：

（1）战争、入侵、外敌行动、内战、叛乱、起义、军管、武装夺权或篡权。

（2）罢工、暴动、国内暴乱、劳工骚乱。

（3）一人或多人出于政治或恐怖主义的目的而采取的任何行动。

（4）任何第三者的恶意行为或阴谋破坏活动。

（5）任何政府或公众或地方当局采取的或按其命令采取的充公、国有化、扣押、占用或征用。

（6）未经被保险人同意，机上任何一人或几个人在飞行中对飞机或机组人员进行的劫持或非法扣押或错误操作。

承保机身战争险后，保险公司受理由上述危险而引起的各种索赔，但不承保由下列任何一个或几个因素引起的损失、损坏或支出：

（1）下列五国中任何两国之间发生的战争：美国、英国、法国、俄罗斯、中国。一旦上述国家中的任何两个国家发生战争（不管是否宣战），该保险单自动失效。

（2）发生原子武器或放射性武器爆炸、核裂变和核聚变或其他类似事故，不论该事故是出于敌意的或其他原因。一旦发生上述情况中的任何一

种，保险单自动终止。

（3）因财务原因和营运原因而造成的损失。

机身战争险一般是作为机身一切险的一种特别附加险来承保的，因此其投保的金额也是约定价值，机身战争险通常没有免赔额。

三、法定责任险

法定责任险承保飞机在营运过程中（飞行及起降过程中）因意外事故而导致人身伤亡或财产损失而应由被保险人承担的经济赔偿责任，保险公司负责赔偿。法定责任险包括旅客法定责任险（含行李）、货物法定责任险、邮件法定责任险及第三者责任险四种。下面介绍法定责任险的两种主要险别：旅客法定责任险和第三者责任险。

（一）旅客法定责任险

旅客法定责任险承保旅客在乘坐或上下飞机时发生意外，因人身伤亡及其所带行李（包括手提行李和交运行李）物品损失，依法应由被保险人（航空承运人）负担的赔偿责任。本险种中的旅客是指购买飞机票的旅客或航空运输企业同意免费搭载的旅客，但不包括为履行航空运输企业的飞行任务而免费搭载的人员。

（二）第三者责任险

第三者责任险承保飞机在营运中因飞机坠落或从飞机上坠物而造成第三者的人身伤亡或财产损失的应由被保险人承担的赔偿责任。但被保险人的雇员（包括机上和机场工作人员）、被保险飞机上的旅客的人身伤亡或财产损失则均不属于第三者责任险承保范围。

此外，法定责任险还赔付与事故发生有关的费用支出，如事故发生后的搜索和施救费用，为减少事故损失及损坏而采取的措施的成本、清除飞机残骸的费用等。通常上述这些费用成本的最高给付限额为每次事故300万美元。另外，保险公司对因涉及被保险人的赔偿责任而引起的必要的诉讼费用也予以赔付。

法定责任险对被保险人的投保总额作了限制：任一事故的保险总额或保险期内发生的累计损失的保险总额限制在10亿美元以下。即法定责任险规定的责任保险的最高赔偿额为10亿美元。法定责任险的保险费按航空公司承运的旅客"客公里"计收。

上述三种险是目前我国各大航空公司普遍投保的险种。

任务三　航空保险的理赔

在保险期内如果被保飞机发生事故，投保人有权向保险公司索赔，保险公司随即开始理赔工作。相关保险理赔工作的一般程序如下。

一、及时通知，保护现场

被保飞机发生事故无论损失大小，投保人都应该立刻通知保险公司并随后提出出险报告，且注意保护好现场。保险公司接到出险报告后应尽快通知海外分保人。

二、现场调查，损失检验

保险公司接到损失通知以后应立刻派有关人员赶赴现场调查取证，检验受损程度，估计赔偿金额。航空公司对相关人员应提供协助和方便。此外，国外分保人如果提出参加检验的要求，可由航空公司与保险公司酌情安排国外分保人指定的检查人员参加联合检验与理赔，以便于向外摊赔的工作。

三、审核索赔单证

保险公司在进行现场调查后还必须严格审核航空公司提交的各种索赔单证。与事故有关的索赔单证主要包括：

（1）出险旅客名单及伤亡情况的有效证明，旅客行李、物件交运记录及损失单证。

（2）第三者索赔的有效证明。

（3）飞机起飞后至出事前与机场指挥塔台调度之间联系的录音带，飞机起飞和出事时的气象情况说明。

（4）飞机适航证书、机组人员飞行证书、地面机械师证书等的复印件。

（5）飞机机务维修工作记录。

四、赔付及结案

索赔单证经审核无误，保险公司即可与投保人协商确定赔款金额，然后扣除应扣的免赔额或飞机残值，即可得出实赔数额。赔付时签订一份《×××事故结案协议书》，经双方签字或盖章后即可结案。

附录一　中国民用航空旅客、行李国内运输规则

第一章　总则

第一条　为了加强对旅客、行李国内航空运输的管理，保护承运人和旅客的合法权益，维护正常的航空运输秩序，根据《中华人民共和国民用航空法》制定本规则。

第二条　本规则适用于以民用航空器运送旅客、行李而收取报酬的国内航空运输及经承运人同意而办理的免费国内航空运输。

本规则所称"国内航空运输"，是指根据旅客运输合同，其出发地、约定经停地和目的地均在中华人民共和国境内的航空运输。

第三条　本规则中下列用语，除具体条款中有其他要求或另有明确规定外，含义如下：

（一）"承运人"指包括填开客票的航空承运人和承运或约定承运该客票所列旅客及其行李的所有航空承运人。

（二）"销售代理人"指从事民用航空运输销售代理业的企业。

（三）"地面服务代理人"指从事民用航空运输地面服务代理业务的企业。

（四）"旅客"指经承运人同意在民用航空器上载运除机组成员以外的任何人。

（五）"团体旅客"指统一组织的人数在10人以上（含10人），航程、乘机日期和航班相同的旅客。

（六）"儿童"指年龄满两周岁但不满十二周岁的人。

（七）"婴儿"指年龄不满两周岁的人。

（八）"定座"指对旅客预定的座位、舱位等级或对行李的重量、体积的预留。

（九）"合同单位"指与承运人签订定座、购票合同的单位。

（十）"航班"指飞机按规定的航线、日期、时刻的定期飞行。

（十一）"旅客定座单"指旅客购票前必须填写的供承运人或其销售代理人据以办理定座和填开客票的业务单据。

（十二）"有效身份证件"指旅客购票和乘机时必须出示的由政府主管部门规定的证明其身份的证件。如：居民身份证、按规定可使用的有效护照、军官证、警官证、士兵证、文职干部或离退休干部证明，16周岁以下未成年人的学生证、户口簿等证件。

（十三）"客票"指由承运人或代表承运人所填开的被称为"客票及行李票"的凭证，包括运输合同条件、声明、通知以及乘机联和旅客联等内容。

（十四）"联程客票"指列明有两个（含）以上航班的客票。

（十五）"来回程客票"指从出发地至目的地并按原航程返回原出发地的客票。

（十六）"定期客票"指列明航班、乘机日期和定妥座位的客票。

（十七）"不定期客票"指未列明航班、乘机日期和未定妥座位的客票。

（十八）"乘机联"指客票中标明"适用于运输"的部分，表示该乘机联适用于指定的两个地点之间的运输。

（十九）"旅客联"指客票中标明"旅客联"的部分，始终由旅客持有。

（二十）"误机"指旅客未按规定时间办妥乘机手续或因旅行证件不符合规定而未能乘机。

（二十一）"漏乘"指旅客在航班始发站办理乘机手续后或在经停站过站时未搭乘上指定的航班。

（二十二）"错乘"指旅客乘坐了不是客票上列明的航班。

（二十三）"行李"指旅客在旅行中为了穿着、使用、舒适或方便的需要而携带的物品和其他个人财物。除另有规定者外，包括旅客的托运行李和自理行李。

（二十四）"托运行李"指旅客交由承运人负责照管和运输并填开行李票的行李。

（二十五）"自理行李"指经承运人同意由旅客自行负责照管的行李。

（二十六）"随身携带物品"指经承运人同意由旅客自行携带乘机的零星小件物品。

（二十七）"行李牌"指识别行李的标志和旅客领取托运行李的凭证。

（二十八）"离站时间"指航班旅客登机后，关机门的时间。

第四条 承运人的航班班期时刻应在实施前对外公布。承运人的航班班期时刻不得任意变更。但承运人为保证飞行安全、急救等特殊需要，可依照规定的程序进行调整。

第二章 定座

第五条 旅客在定妥座位后，凭该定妥座位的客票乘机。

承运人可规定航班开始和截止接受定座的时限，必要时可暂停接受某一航班的定座。

不定期客票应在向承运人定妥座位后才能使用。

合同单位应按合同的约定定座。

第六条 已经定妥的座位，旅客应在承运人规定或预先约定的时限内购买客票，承运人对所定座位在规定或预先约定的时限内应予以保留。

承运人应按旅客已经定妥的航班和舱位等级提供座位。

第七条 旅客持有定妥座位的联程或来回程客票，如在该联程或回程地点停留72小时以上，须在联程或回程航班离站前两天中午12点以前，办理座位再证实手续，否则原定座位不予保留。如旅客到达联程或回程地点的时间离航班离站时间不超过72小时，则不需办理座位再证实手续。

第三章 客票

第八条 客票为记名式，只限客票上所列姓名的旅客本人使用，不得转让和涂改，否则客票无效，票款不退。

客票应当至少包括下列内容：

（一）承运人名称；

（二）出票人名称、时间和地点；

（三）旅客姓名；

（四）航班始发地点、经停地点和目的地点；

（五）航班号、舱位等级、日期和离站时间；

（六）票价和付款方式；

（七）票号；

（八）运输说明事项。

第九条 旅客应在客票有效期内，完成客票上列明的全部航程。

旅客使用客票时，应交验有效客票，包括乘机航段的乘机联和全部未使用并保留在客票上的其他乘机联和旅客联，缺少上述任何一联，客票即为无效。

国际和国内联程客票，其国内联程段的乘机联可在国内联程航段使用，不需换开成国内客票；旅客在我国境外购买的用国际客票填开的国内航空运输客票，应换开成我国国内客票后才能使用。

承运人及其销售代理人不得在我国境外使用国内航空运输客票进行销售。

定期客票只适用于客票中列明的乘机日期和航班。

第十条 客票的有效期为：

（一）客票自旅行开始之日起，一年内运输有效。如果客票全部未使用，则从填开客票之日起，一年内运输有效。

（二）有效期的计算，从旅行开始或填开客票之日的次日零时起至有效期满之日的次日零时为止。

第十一条 承运人及其代理人售票时应该认真负责。

由于承运人的原因，造成旅客未能在客票有效期内旅行，其客票有效期将延长到承运人能够安排旅客乘机为止。

第四章 票价

第十二条 客票价指旅客由出发地机场至目的地机场的航空运输价格，不包括机场与市区之间的地面运输费用。

客票价为旅客开始乘机之日适用的票价。客票出售后，如票价调整，票款不作变动。

运价表中公布的票价，适用于直达航班运输。如旅客要求经停或转乘其他航班时，应按实际航段分段相加计算票价。

第十三条 旅客应按国家规定的货币和付款方式交付票款，除承运人与旅客另有协议外，票款一律现付。

第五章 购票

第十四条 旅客应在承运人或其销售代理人的售票处购票。

旅客购票凭本人有效身份证件或公安机关出具的其它身份证件，并填写《旅客定座单》。

购买儿童票、婴儿票，应提供儿童、婴儿出生年月的有效证明。

重病旅客购票，应持有医疗单位出具的适于乘机的证明，经承运人同意后方可购票。

每一旅客均应单独填开一本客票。

第十五条 革命残废军人凭《革命残废军人抚恤证》，按适用票价的80％购票。

儿童按适用成人票价的50％购买儿童票，提供座位。

婴儿按适用成人票价的10％购买婴儿票，不提供座位；如需要单独占用座位时，应购买儿童票。

每一成人旅客携带婴儿超过一名时，超过的人数应购儿童票。

第十六条 承运人或其销售代理人应根据旅客的要求，出售联程、来回旅客票。

第十七条 售票场所应设置班期时刻表、航线图、航空运价表和旅客须知等必备资料。

第六章　客票变更

第十八条　旅客购票后，如要求改变航班、日期、舱位等级，承运人及其销售代理人应根据实际可能积极办理。

第十九条　航班取消、提前、延误、航程改变或不能提供原定座位时，承运人应优先安排旅客乘坐后续航班或签转其他承运人的航班。

因承运人的原因，旅客的舱位等级变更时，票款的差额多退少不补。

第二十条　旅客要求改变承运人，应征得原承运人或出票人的同意，并在新的承运人航班座位允许的条件下予以签转。

本规则第十九条第一款所列情况要求旅客变更承运人时，应征得旅客及被签转承运人的同意后，方可签转。

第七章　退票

第二十一条　由于承运人或旅客原因，旅客不能在客票有效期内完成部分或全部航程，可以在客票有效期内要求退票。

旅客要求退票，应凭客票或客票未使用部分的"乘机联"和"旅客联"办理。

退票只限在出票地、航班始发地、终止旅行地的承运人或其销售代理人售票处办理。

票款只能退给客票上列明的旅客本人或客票的付款人。

第二十二条　旅客自愿退票，除凭有效客票外，还应提供旅客本人的有效身份证件，分别按下列条款办理：

（一）旅客在航班规定离站时间24小时以内、两小时以前要求退票，收取客票价10％的退票费；在航班规定离站时间前两小时以内要求退票，收取客票价20％的退票费；在航班规定离站时间后要求退票，按误机处理。

（二）持联程、来回程客票的旅客要求退票，按本条第一款规定办理。

（三）革命残废军人要求退票，免收退票费。

（四）持婴儿客票的旅客要求退票，免收退票费。

（五）持不定期客票的旅客要求退票，应在客票的有效期内到原购票

地点办理退票手续。

（六）旅客在航班的经停地自动终止旅行，该航班未使用航段的票款不退。

第二十三条 航班取消、提前、延误、航程改变或承运人不能提供原定座位时，旅客要求退票，始发站应退还全部票款，经停地应退还未使用航段的全部票款，均不收取退票费。

第二十四条 旅客因病要求退票，需提供医疗单位的证明，始发地应退还全部票款，经停地应退还未使用航段的全部票款，均不收取退票费。

患病旅客的陪伴人员要求退票，按本条第一款规定办理。

第八章　客票遗失

第二十五条 旅客遗失客票，应以书面形式向承运人或其销售代理人申请挂失。

在旅客申请挂失前，客票如已被冒用或冒退，承运人不承担责任。

第二十六条 定期客票遗失，旅客应在所乘航班规定离站时间一小时前向承运人提供证明后，承运人可以补发原定航班的新客票。补开的客票不能办理退票。

第二十七条 不定期客票遗失，旅客应及时向原购票的售票地点提供证明后申请挂失，该售票点应及时通告各有关承运人。经查证客票未被冒用、冒退，待客票有效期满后的30天内，办理退款手续。

第九章　团体旅客

第二十八条 团体旅客定妥座位后，应在规定或预先约定的时限内购票，否则，所定座位不予保留。

第二十九条 团体旅客购票后自愿退票，按下列规定收取退票费：

（一）团体旅客在航班规定离站时间72小时以前要求退票，收取客票价10%的退票费。

（二）团体旅客在航班规定离站时间72小时以内至规定离站时间前一天中午12点前要求退票，收取客票价30%的退票费。

（三）团体旅客在航班规定离站时间前一天中午12点以后至航班离站

前要求退票，收取客票价50%的退票款。

（四）持联程、来回旅客票的团体旅客要求退票，分别按本条第（一）、（二）、（三）项的规定办理。

（五）团体旅客误机，客票作废，票款不退。

第三十条 团体旅客中部分成员要求退票，按照本规则第二十九条的规定收取该部分成员的退票费。

第三十一条 团体旅客非自愿或团体旅客中部分成员因病要求变更或退票，分别按照本规则第十九条、第二十三条或第二十四条的规定办理。

第十章 乘机

第三十二条 旅客应当在承运人规定的时限内到达机场，凭客票及本人有效身份证件按时办理客票查验、托运行李、领取登机牌等乘机手续。

承运人规定的停止办理乘机手续的时间，应以适当方式告知旅客。

承运人应按时开放值机柜台，按规定接受旅客出具的客票，快速、准确地办理值机手续。

第三十三条 乘机前，旅客及其行李必须经过安全检查。

第三十四条 无成人陪伴儿童、病残旅客、孕妇、盲人、聋人或犯人等特殊旅客，只有在符合承运人规定的条件下经承运人预先同意并在必要时做出安排后方予载运。

传染病患者、精神病患者或健康情况可能危及自身或影响其他旅客安全的旅客，承运人不予承运。

根据国家有关规定不能乘机的旅客，承运人有权拒绝其乘机，已购客票按自愿退票处理。

第三十五条 旅客误机按下列规定处理：

（一）旅客如发生误机，应到乘机机场或原购票地点办理改乘航班、退票手续。

（二）旅客误机后，如要求改乘后续航班，在后续航班有空余座位的情况下，承运人应积极予发安排，不收误机费。

（三）旅客误机后，如要求退票，承运人可以收取适当的误机费。

旅客漏乘按下列规定处理：

（一）由于旅客原因发生漏乘，旅客要求退票，按本条第一款的有关规定办理。

（二）由于承运人原因旅客漏乘，承运人应尽早安排旅客乘坐后续航班成行。如旅客要求退票，按本规则第二十三条规定办理。

旅客错乘按下列规定处理：

（一）旅客错乘飞机，承运人应安排错乘旅客搭乘最早的航班飞往旅客客票上的目的地，票款不补不退。

（二）由于承运人原因旅客错乘，承运人应早安排旅客乘坐后续航班成行。如旅客要求退票，按本规则第二十三条规定办理。

第十一章　行李运输

第三十六条　承运人承运的行李，只限于符合本规则第三条第二十三项定义范围内的物品。

承运人承运的行李，按照运输责任分为托运行李、自理行李和随身携带物品。

重要文件和资料、外交信袋、证券、货币、汇票、贵重物品、易碎易腐物品，以及其他需要专人照管的物品，不得夹入行李内托运。承运人对托运行李内夹带上述物品的遗失或损坏按一般托运行李承担赔偿责任。

国家规定的禁运物品、限制运输物品、危险物品，以及具有异味或容易污损飞机的其他物品，不能作为行李或夹入行李内托运。承运人在收运行李前或在运输过程中，发现行李中装有不得作为行李或夹入行李内运输的任何物品，可以拒绝收运或随时终止运输。

旅客不得携带管制刀具乘机。管制刀具以外的利器或钝器应随托运行李托运，不能随身携带。

第三十七条　托运行李必须包装完善、锁扣完好、捆扎牢固，能承受一定的压力，能够在正常的操作条件下安排装卸和运输，并应符合下列条件，否则，承运人可以拒绝收运：

（一）旅行箱、旅行袋和手提包等必须加锁；

（二）两件以上的包件，不能捆为一件；

（三）行李上不能附插其他物品；

（四）竹篮、网兜、草绳、草袋等不能作为行李的外包装物；

（五）行李上应写明旅客的姓名、详细地址、电话号码。

托运行李的重量每年不能超过50公斤，体积不能超过40×60×100厘米，超过上述规定的行李，须事先征得承运人的同意才能托运。

自理行李的重量不能超过10公斤，体积每件不超过20×40×55厘米。

随身携带物品的重量，每位旅客以5公斤为限。持头等舱客票的旅客，每人可随身携带两件物品；持公务舱或经济舱客票的旅客，每人只能随身携带一件物品。每件随身携带物品的体积均不得超过20×40×55厘米。超过上述重量、件数或体积限制的随身携带物品，应作为托运行李托运。

第三十八条 每位旅客的免费行李额（包括托运和自理行李）：持成人或儿童票的头等舱旅客为40公斤，公务舱旅客为30公斤，经济舱旅客为20公斤。持婴儿票的旅客，无免费行李额。

搭乘同一航班前往同一目的地的两个以上的同行旅客，如在同一时间、同一地点办理行李托运手续，其免费行李额可以按照各自的客票价等级标准合并计算。

构成国际运输的国内航段，每位旅客的免费行李额按适用的国际航线免费行李额计算。

第三十九条 旅客必须凭有效客票托运行李。承运人应在客票及行李票上注明托运行李的件数和重量。

承运人一般应在航班离站当日办理乘机手续时收运行李；如团体旅客的行李过多，或因其他原因需要提前托运时，可与旅客约定时间、地点收运。

承运人对旅客托运的每件行李应拴挂行李牌，并将其中的识别联交给旅客。经承运人同意的自理行李应与托运行李合并计重后，交由旅客带入客舱自行照管，并在行李上拴挂自理行李牌。

不属于行李的物品应按货物托运，不能作为行李托运。

第四十条 旅客的逾重行李在其所乘飞机载量允许的情况下，应与旅客同机运送。旅客应对逾重行李付逾重行李费，逾重行李费率以每公斤按

经济舱票价的 1.5% 计算，金额以元为单位。

第四十一条 承运人为了运输安全，可以会同旅客对其行李进行检查；必要时，可会同有关部门进行检查。如果旅客拒绝接受检查，承运人对该行李有权拒绝运输。

第四十二条 旅客的托运行李，应与旅客同机运送，特殊情况下不能同机运送时，承运人应向旅客说明，并优先安排在后续的航班上运送。

第四十三条 旅客的托运行李，每公斤价值超过人民币 50 元时，可办理行李的声明价值。

承运人应按旅客声明的价值中超过本条第一款规定限额部分的价值的 5‰ 收支声明价值附加费。金额以元为单位。

托运行李的声明价值不能超过行李本身的实际价值。每一旅客的行李声明价值最高限额人民币 8,000 元。如承运人对声明价值有异议而旅客又拒绝接受检查时，承运人有权拒绝收运。

第四十四条 小动物是指家庭饲养的猫、狗或其它小动物。小动物运输，应按下列规定办理：

旅客必须在定座或购票时提出，并提供运输检疫证明，经承运人同意后方可托运。

旅客应在乘机的当日，按承运人指定的时间，将小动物自行运到机场办理托运手续。

装运小动物的容器应符合下列要求：

（一）能防止小动物破坏、逃逸和伸出容器以外损伤旅客、行李或货物。

（二）保证空气流通，不致使小动物窒息。

（三）能防止粪便渗溢，以免污染飞机、机上设备及其他物品。

旅客携带的小动物，除经承运人特许外，一律不能放在客舱内运输。

小动物及其容器的重量应按逾重行李费的标准单独收费。

第四十五条 外交信袋应当由外交信使随身携带，自行照管。根据外交信使的要求，承运人也可以按照托运行李办理，但承运人只承担一般托运行李的责任。

外交信使携带的外交信袋和行李，可以合并计重或计件，超过免费行李额部分，按照逾重行李的规定办理。

外交信袋运输需要占用座位时，必须在定座时提出，并经承运人同意。

外交信袋占用每一座位的重量限额不得超过75公斤，每件体积和重量的限制与行李相同。占用座位的外交信袋没有免费行李额，运费按下列两种办法计算，取其高者：

（一）根据占用座位的外交信袋实际重量，按照逾重行李费率计算运费；

（二）根据占用座位的外交信袋占用的座位数，按照运输起讫地点之间，与该外交信使所持客票票价级别相同的票价计算运费。

第四十六条 旅客的托运行李、自理行李和随身携带物品中，凡夹带国家规定的禁运物品、限制携带物品或危险物品等，其整件行李称为违章行李。对违章行李的处理规定如下：

（一）在始发地发现违章行李，应拒绝收运；如已承运，应取消运输，或将违章夹带物品取出后运输，已收逾重行李费不退。

（二）在经停地发现违章行李，应立即停运，已收逾重行李费不退。

（三）对违章行李中夹带的国家规定的禁运物品、限制携带物品或危险物品，交有关部门处理。

第四十七条 由于承运人的原因，需要安排旅客改乘其他航班，行李运输应随旅客作相应的变更，已收逾重行李费多退少不补；已交付的声明价值附加费不退。

行李的退运按如下规定办理：

（一）旅客在始发地要求退运行李，必须在行李装机前提出。如旅客退票，已托运的行李也必须同时退运。以上退运，均应退还已收逾重行李费。

（二）旅客在经停地退运行李，该航班未使用航段的已收逾重行李费不退。

（三）办理声明价值的行李退运时，在始发地退还已交付的声明价值附加费，在经停地不退已交付的声明价值附加费。

第四十八条 旅客应在航班到达后立即在机场凭行李牌的识别联领取

行李。必要时，应交验客票。

承运人凭行李牌的识别联交付行李，对于领取行李的人是否确系旅客本人，以及由此造成的损失及费用，不承担责任。

旅客行李延误到达后，承运人应立即通知旅客领取，也可直接送达旅客。

旅客在领取行李时，如果没有提出异议，即为托运行李已经完好交付。

旅客遗失行李牌的识别联，应立即向承运人挂失。旅客如要求领取行李，应向承运人提供足够的证明，并在领取行李时出具收据。如在声明挂失前行李已被申领，承运人不承担责任。

第四十九条 无法交付的行李，自行李到达的次日起，超过90天仍无人领取，承运人可按照无法交付行李的有关规定处理。

第五十条 行李运输发生延误、丢失或损坏，该航班经停地或目的地的承运人或其代理人应会同旅客填写《行李运输事故记录》，尽快查明情况和原因，并将调查结果答复旅客和有关单位。如发生行李赔偿，在经停地或目的地办理。

因承运人原因使旅客的托运行李未能与旅客同机到达，造成旅客旅途生活的不便，在经停地或目的地应给予旅客适当的临时生活用品补偿费。

第五十一条 旅客的托运行李全部或部分损坏、丢失，赔偿金额每公斤不超过人民币50元。如行李的价值每公斤低于50元时，按实际价值赔偿。已收逾重行李费退还。

旅客丢失行李的重量按实际托运行李的重量计算，无法确定重量时，每一旅客的丢失行李最多只能按该旅客享受的免费行李额赔偿。

旅客的丢失行李如已办理行李声明价值，应按声明的价值赔偿，声明价值附加费不退。行李的声明价值高于实际价值时，应按实际价值赔偿。

行李损坏时，按照行李降低的价值赔偿或负担修理费用。

由于发生在上、下航空器期间或航空器上的事件造成旅客的自理行李和随身携带物品灭失，承运人承担的最高赔偿金额每位旅客不超过人民币2,000元。

构成国际运输的国内航段，行李赔偿按适用的国际运输行李赔偿规定办理。

已赔偿的旅客丢失行李找到后，承运人应迅速通知旅客领取，旅客应将自己的行李领回，退回全部赔款。临时生活用品补偿费不退。发现旅客有明显的欺诈行为，承运人有权追回全部赔偿。

第五十二条 旅客的托运行李丢失或损坏，应按法定时限向承运人或其代理人提出赔偿要求，并随附客票（或影印件）、行李牌的识别联、《行李运输事故记录》、证明行李内容和价值的凭证以及其它有关的证明。

第十二章 旅客服务

第一节 一般服务

第五十三条 承运人应当以保证飞行安全和航班正常，提供良好服务为准则，以文明礼貌、热情周到的服务态度，认真做好空中和地面的旅客运输的各项服务工作。

第五十四条 从事航空运输旅客服务的人员应当经过相应的培训，取得上岗合格证书。

未取得上岗合格证书的人员不得从事航空运输旅客服务工作。

第五十五条 在航空运输过程中，旅客发生疾病时，承运人应积极采取措施，尽力救护。

第五十六条 空中飞行过程中，承运人应根据飞行时间向旅客提供饮料或餐食。

第二节 不正常航班的服务

第五十七条 由于机务维护、航班调配、商务、机组等原因，造成航班在始发地延误或取消，承运人应当向旅客提供餐食或住宿等服务。

第五十八条 由于天气、突发事件、空中交通管制、安检以及旅客等非承运人原因，造成航班在始发地延误或取消，承运人应协助旅客安排餐食和住宿，费用可由旅客自理。

第五十九条 航班在经停地延误和取消，无论何种原因，承运人均应负责向经停旅客提供膳宿服务。

第六十条　航班延误或取消时，承运人应迅速及时将航班延误或取消等信息通知旅客，做好解释工作。

第六十一条　承运人和其他各保障部门应相互配合，各司其职，认真负责，共同保障航班正常，避免不必要的航班延误。

第六十二条　航班延误或取消时，承运人应根据旅客的要求，按本规则第十九条、第二十三条的规定认真做好后续航班安排或退票工作。

第十三章　附则

第六十三条　本规则自1996年3月1日起施行。中国民用航空局1985年1月1日制定施行的《旅客、行李国内运输规则》同时废止。

中国民用航空总局关于修订《中国民用航空旅客、行李国内运输规则》的决定（2004）

中国民用航空总局根据经国务院批准的民航国内航空运输价格改革方案的有关规定，决定对1996年2月28日以中国民用航空总局第49号令公布的《中国民用航空旅客、行李国内运输规则》（CCAR-271TR-R1）作如下修改：

一、第十五条第一至三款的内容修改为：

"革命伤残军人和因公致残的人民警察凭《中华人民共和国革命伤残军人证》和《中华人民共和国人民警察伤残抚恤证》，按照同一航班成人普通票价的50%购票。

儿童按照同一航班成人普通票价的50%购买儿童票，提供座位。

婴儿按照同一航班成人普通票价的10%购买婴儿票，不提供座位；如需要单独占座位时，应购买儿童票。

航空公司销售以上优惠客票，不得附加购票时限等限制性条件。"

二、删除第二十二条第一款第（一）、（二）项和第二十九条、第三十条内容。

1996年2月28日以中国民用航空总局第49号令公布的《中国民用

航空旅客、行李国内运输规则》(CCAR-271TR-R)根据本决定做相应的修订,重新公布。

本决定自 2004 年 8 月 12 日起实施。

附录二 国内主要航空公司二字代码

代码	航空公司	代码	航空公司
CA	中国国际航空股份有限公司	JD	北京首都航空有限公司
MU	中国东方航空股份有限公司	9C	春秋航空股份有限公司
CZ	中国南方航空股份有限公司	PN	西部航空责任有限公司
HU	海南航空控股股份有限公司	NS	河北航空有限公司
ZH	深圳航空有限责任公司	JR	幸福航空有限责任公司
SC	山东航空股份有限公司	KY	昆明航空有限公司
MF	厦门航空有限公司	VD	河南航空有限公司
FM	上海航空股份有限公司	CN	大新华航空有限公司
3U	四川航空股份有限公司	GS	天津航空有限责任公司
EU	成都航空有限公司	KA	国泰港龙航空有限公司
8L	云南祥鹏航空有限责任公司	CX	国泰航空有限公司
BK	奥凯航空有限公司	NX	澳门航空股份有限公司
G5	华夏航空股份有限公司	CI	中华航空股份有限公司
KN	中国联合航空有限公司	BR	长荣航空股份有限公司
HO	上海吉祥航空股份有限公司	TV	西藏航空有限公司
UQ	乌鲁木齐航空有限责任公司	FU	福州航空有限责任公司
OQ	重庆航空责任有限公司	AQ	九元航空有限公司
DR	瑞丽航空有限公司	GJ	浙江长龙航空有限公司
DZ	深圳东海航空有限公司	QW	青岛航空股份有限公司

参考文献

[1] 郭沙，汤黎. 民航旅客运输［M］. 重庆：重庆大学出版社，2017.

[2] 周小卉，毕研博，王忠义. 民航旅客运输［M］. 北京：航空工业出版社，2017.

[3] 辜英智，邓红军. 民航客票销售实务［M］. 四川：四川大学出版社，2017.

[4] 王娅. 民航国内旅客运输［M］. 北京：中国民航出版社，2016.

[5] 竺志奇. 民航国内客运销售实务［M］. 北京：中国民航出版社，2009.

[6] 陆东. 民航订座系统操作教程［M］. 北京：中国民航出版社，2009.